# Reprendre sa vie en main

## **Reprendre sa vie en main**

### Chapitre 1
Introduction

### Chapitre 2
La vie de Bobby ou pourquoi est-il important d'avoir de bonnes habitudes ?

### Chapitre 3
La mise en place du plan et comment définir ses objectifs

### Chapitre 4
Les mauvaises habitudes à limiter ou à proscrire

### Chapitre 5
L'intérêt d'une routine matinale

### Chapitre 6
Que faire durant sa routine matinale ?

### Chapitre 7
Les erreurs à éviter

### Chapitre 8
Petit point rapide sur l'après routine du matin : travail, cours ou deep work

### Chapitre 9
L'intérêt d'avoir une maison propre, petit point sur le minimalisme

### Chapitre 10
En cas d'imprévus, les règles des deux jours et des trois actions

## Reprendre sa vie en main

### Chapitre 11
Le repas du midi ou que peut-on faire pendant la digestion ?

### Chapitre 12
Le rituel du soir

### Chapitre 13
Ce qu'il faut faire et ne pas faire durant ce rituel

### Chapitre 14
J'ai fait tout ça et après ? Comment faire le bilan après une semaine, un mois, trois mois, un an, une décennie ?

### Chapitre 15
Comment mieux manger, avoir une alimentation plus saine et quelques recettes simples

### Chapitre 16
Chaînes YouTube et livres sur le sujet

### Chapitre 17
Les mots utilisés dans ce livre

### Chapitre 18
Les applications que l'on peut utiliser

### Chapitre 19
Vous ne savez pas quel objectif vous fixer ?

### Chapitre 20
To do list et weekly planner inclus dans le livre

**Reprendre sa vie en main**

**Reprendre sa vie en main**

# 1) INTRODUCTION

**Reprendre sa vie en main**

### Reprendre sa vie en main

Tout d'abord, avant de commencer ce livre, je tenais à vous remercier. Au moment où j'écris ses lignes, je n'ai encore publié aucun e-book et je travaille au quotidien sur ce projet.

J'espère que ce livre pourra vous être utile et que vous en tirerez bénéfice.

Je tiens à vous remercier encore une fois de donner à un jeune la chance de pouvoir vivre de son propre travail.

Démarrons ce livre sans plus tarder avec une petite introduction pour débuter le sujet.

Observons la vie de deux individus. Pour être plus précis, il ne s'agit que d'une seule personne, mais qui a fait des choix différents qui l'ont amené à différents points.

Prenons donc une personne et commençons le premier chapitre. Ce chapitre servira à comprendre pourquoi il est important d'adopter de bonnes habitudes, d'avoir un bon cadre de vie, un environnement sain et une bonne santé. Vous verrez comment cela vous permettra d'avancer sur vos projets.

Je tiens aussi à préciser que dans cet E-book, je me répéterai plusieurs fois sur certains concepts.
Je considère, comme beaucoup, que l'apprentissage est comme la propagande, il faut répéter plusieurs fois pour retenir.

**Reprendre sa vie en main**

*"Le meilleur moment pour planter un arbre, c'était il y a 20 ans. Le deuxième meilleur moment, c'est maintenant."*

## 2) LA VIE DE BOBBY OU POURQUOI EST-IL IMPORTANT D'AVOIR DES BONNES HABITUDES.

**Reprendre sa vie en main**

## Reprendre sa vie en main

Dans ce livre je choisis volontairement de raconter des histoires et de prendre des exemples, tous basés sur ce que j'ai vécu, ou qu'un de mes proches a vécu, ou dont j'ai simplement entendu parler.

J'ai fait ce choix pour une raison simple : l'humain a toujours été un animal sociable qui aime se raconter des histoires.
Et celles-ci ont pour la plupart traversé les âges et sont encore source de beaucoup d'apprentissages.

Prenons un exemple : pour l'éducation d'un enfant, vaut-il mieux lui dire de ne pas mentir, car c'est mal ou lui raconter l'histoire de l'enfant qui criait au loup et qui à la fin s'est fait dévorer par ce dernier parce que les gens ne le croyaient plus suite à ces nombreux mensonges ?

Pour ma part, j'ai bien plus retenu cette histoire qui m'avait fait peur que les recommandations de ma mère de ne pas mentir parce que c'est mal.

Les histoires, de par le fait qu'elles sont plus impactantes et plus proches de nous, nous permettent une identification.

Je pourrais faire ce livre en disant qu'un meilleur sommeil favorise la confiance en soi de x% ou que noter ces objectifs augmente la probabilité de les réussir de y%.

## Reprendre sa vie en main

Ou juste prendre des exemples et expliquer pourquoi c'est mieux.

Je suppose que c'est pareil pour tout le monde, mais pour retenir une information, j'ai besoin de la comprendre. Car même si je l'oublie, je pourrais refaire le cheminement intellectuel qui permet de la retrouver.

Donc, pour ce livre, je prendrai des histoires et des faits pour expliquer mes points de vue et ce qu'ils peuvent vous apporter.

Regardons ensemble la vie d'un jeune homme.
Il s'appelle Bobby. Il a entre 18 et 25 ans et vit une vie banale,
c'est-à-dire chaotique. Il fait au quotidien des choses qu'il n'aime pas forcément, mais que peut-il faire d'autre ?

Il a un corps ordinaire, mais avec les journées qu'il mène, impossible pour lui de faire autrement. Il se lève 20 minutes avant d'aller en cours et il finit tôt. Mais le temps qu'il passe sur les réseaux sociaux ou dans les transports en commun l'empêche de faire quoi que ce soit.

Le soir, en rentrant chez lui, son appartement n'est pas forcément rangé, mais il n'a pas le temps de s'en occuper. Il a prévu d'aller voir cette fille en fin de soirée, mais il est trop fatigué pour y aller. Sa journée l'a épuisé et pourtant il n'a pas l'impression de faire grand-chose.

## Reprendre sa vie en main

Il est bloqué dans son quotidien, il a l'impression de passer à côté de sa vie. Il veut apprendre de nouvelles choses, se reprendre en main. Il a à la fois la haine et une profonde tristesse, car il veut réussir.

Pendant une semaine, il donne tout car il sait au fond de lui-même que sa vie ne lui plaît pas telle qu'elle est. Mais une semaine plus tard, un empêchement lui enlève la possibilité de lire, d'aller à la salle de sport, de ranger son appartement ou de préparer sa journée du lendemain....

Il y a temps de choses qu'il pourrait vouloir faire au quotidien.

Retrouvons-le deux semaines plus tard. On constate qu'il a repris ses mauvaises habitudes.
Et si on lui pose la question, il répondra sincèrement et en toute bonne fois qu'il a d'excellentes excuses pour ne plus faire ce qu'il s'était engagé à faire.

Et il recommence à stagner au quotidien en se disant que demain, le mois prochain ou mieux, quand il aura une copine, il s'y remettra à fond.

Mais il sait qu'il ne le fera pas. Ou le schéma se répétera à nouveau avec des bonnes intentions, mais qui faibliront bien vite.

Retrouvons le 30 ans plus tard. Il a réussi !!!

## Reprendre sa vie en main

Il a une femme, des enfants et des collègues de travail. Ses enfants vont aller à la faculté d'ici peu. Super !

Mais quand il se retourne et qu'il regarde le chemin parcouru, qu'a-t-il fait ?
Lui, qui petit, voulait conquérir le monde, se retrouve à la tête
d'une super vie ordinaire : Il a un corps ordinaire, une femme ordinaire, une culture ordinaire, des enfants ordinaires, une maison ordinaire.

Est-ce que c'est bien ? Est-ce que c'est mal ?

Personne ne peut répondre à cette question et nul doute que si on pose la question à Bobby, il nous dira qu'il a fait au mieux. On ne peut pas lui jeter la pierre, car c'est sans doute vrai.

Repartons en arrière et retrouvons Bobby.
Il a de nouveau 18 ans, il décide du jour au lendemain de changer. Il prépare son plan de bataille, il se fixe de tout nouveaux objectifs, il met en place une stratégie cohérente pour réussir.

Il a prévenu tous ses proches de cette volonté d'évolution, de sorte que s'il échoue, il sait que la honte de l'échec le poussera à s'y remettre immédiatement.
Il travaille au quotidien.

## Reprendre sa vie en main

Le soir, Bobby est certes fatigué, mais tellement heureux au quotidien ! Il a plus d'énergie, il ne détourne plus les yeux devant le miroir, il est si fier de ce qu'il est devenu.

Il fait du sport, il apprend des langues, il lit au quotidien.

Quand il arrive dans un groupe, les gens qui, avant, ne le remarquaient pas, se mettent à se tourner automatiquement vers lui et à lui demander son avis sur les décisions à prendre.

Et cette fille qu'il trouve si belle... Bobby l'a constaté : depuis qu'il a commencé le sport, il a plus confiance en lui et il sent que l'attitude de cette fille à son égard a changé.

Retrouvons-le à nouveau 30 ans plus tard.
Suite à l'apprentissage et à ses efforts au quotidien, Bobby a pu se créer un CV formidable et faire un boulot qu'il aime.
Il a lancé son entreprise, il a épargné une belle somme d'argent. Tous les mois, en plus de son salaire, il obtient de confortables rentes grâce à ses placements financiers et à ses acquisitions de biens.

En se levant le matin, il ne ressent pas le poids des années et quand il regarde ce qu'il a fait, il est content. Il n'a pas de regret, aucun "et si ?" ne le tourmente.

Les sacrifices qu'il a fait en valaient-ils la peine ?

### Reprendre sa vie en main

Étaient-ce vraiment des sacrifices ?
De petites actions au quotidien peuvent-elles vraiment changer une vie à ce point ?

Suite à la lecture de cet e-book (au passage merci beaucoup de m'avoir fait suffisamment confiance pour l'acheter), j'espère vraiment qu'il vous sera utile et qu'il vous aidera à avancer pour devenir fier de ce que vous deviendrez.

Vous aurez donc un choix à faire.

Soit continuer votre vie, car elle vous plaît déjà suffisamment et vous êtes sûr que votre futur sera celui que vous désirez.

Soit récupérer un ou deux conseils de cet e-book/livre pour améliorer votre quotidien.

Soit mettre en place la plupart des conseils de ce livre, car vous considérez que cela vous aidera.


On va poser les bases dès le début !

Il faut déjà arrêter de se trouver des excuses. Ce principe a réussi à me faire reprendre ma vie en main.

Parlons rapidement de pouvoir et d'action.
Imaginons une situation simple, mais qui peut arriver.

## Reprendre sa vie en main

Vous rentrez chez vous et vous passez régulièrement par la même rue. Un jour une personne vous agresse et il recommence le lendemain alors que vous continuez à passer par cette rue.

Il y a deux façons d'aborder ce problème :
-Soit se dire que cette agression n'est pas votre faute. Et si on regarde objectivement, c'est totalement vrai, car il n'y a aucun doute là-dessus. Le coupable sera toujours l'agresseur et jamais la victime.
Mais cette façon de penser comporte un énorme problème : puisque ce n'est pas votre faute, vous n'allez rien changer à votre quotidien et la personne pourra à loisir continuer à vous agresser. Et comme ce ne sera jamais votre faute, vous ne changez rien.
Pourquoi changer quelque chose dans notre comportement si le problème n'est pas notre faute ?

-Ou vous pouvez vous dire et ce même si c'est horrible "c'est ma faute".
Dans ce cas, vous passez d'une situation où vous ne pouvez rien changer, car vous n'y pouvez rien à une situation que vous contrôlez entièrement.
Si vous vous dîtes que c'est votre faute, vous pouvez passer par une autre rue pour ne pas croiser la personne, rester en groupe avec des personnes quand vous sortez, vous mettre au sport pour être plus impressionnant physiquement, etc.

### Reprendre sa vie en main

Il est donc vital en toute chose de la vie de s'accuser soit même afin de prendre par la même occasion le contrôle de la situation.

Je ne dis pas qu'il faut s'accuser devant les autres, c'est plutôt un processus personnel qui nous apprend à ne plus faire d'erreurs.

De plus, cette façon de penser permet de faire des choses au quotidien. On passe d'une vie qu'on subit à une vie qu'on dirige, car on la contrôle de bout en bout. De plus, même les situations qui ne sont pas de notre ressort nous permettent d'apprendre de nouvelles choses.

Si on perd un proche et qu'on s'accuse de sa perte, on pourra réfléchir au pourquoi de notre tristesse de le voir partir et à la leçon à tirer de cette perte.

Est-ce que la tristesse vient du fait que j'aurais aimé passer plus de temps avec lui ?

Si oui, alors il faut prendre en compte ce sentiment et passer plus de temps avec nos proches.

La vie est bien trop courte pour chercher des coupables à nos échecs. Nous gagnons du temps et ça nous aide à avancer vite.

J'ai dit au début de ce paragraphe que ce principe m'avait beaucoup aidé et c'est entièrement vrai !

### Reprendre sa vie en main

Comme beaucoup de jeunes, je galère avec les filles. Et il y a deux ans en arrière, c'était pire : je pesais 45 kilos pour 1,65 m et j'étais très solitaire. En plus je passais mon temps à me plaindre des autres.
"Ce n'est pas à moi de changer, les filles doivent réévaluer leurs exigences et m'accepter comme je suis"
J'étais bien naïf et je n'avançais pas dans ma vie jusqu'à ce que je vive ma première rupture.
Croyez-moi, dans ce genre d'histoire, il y a toujours un déclic et souvent il est douloureux.

J'aurai pu l'accuser de tous les maux, mais je l'ai pas fait car j'avais envie de retrouver une copine. Je me suis rendu compte que j'avais beaucoup aimé cette relation.

De ce fait, je me suis mis au sport ; ce n'était plus aux autres de m'accepter comme j'étais ou de faire un pas vers moi, mais à moi de devenir le meilleur jour après jour, de prendre confiance en moi et de prouver ce que je valais.

Je ne dis pas qu'il faille faire le métamorphe et laisser complètement disparaître notre vraie personnalité. Loin de là ! Il faut rester soi-même, mais devenir une meilleure version de nous même.
Morale de cette histoire : avant, j'étais maigre et malheureux, car j'avais le sentiment que personne ne m'accepterait jamais. Et aujourd'hui je vis la situation bien mieux, car je sais que j'ai les capacités de changer la situation et d'inverser la tendance.

## Reprendre sa vie en main

Ensuite, pour prendre le contrôle de votre vie, il faut faire le tri et couper court à certaines mauvaises habitudes qui ne vous apportent rien : par exemple, cette émission que vous détestez, mais que vous regardez quand même en vous disant que vous n'avez rien d'autre à faire ou que ça ne vous fait perdre qu'une heure par semaine, ce qui ne représente pas grand-chose.

Il faut comprendre que, mises bout à bout, ces habitudes sont consommatrices de temps : dix minutes passées sur Snapchat par jour représente 1 h 10 par semaine auxquelles on ajoute Instagram, TikTok et tous les autres réseaux sociaux.

Nous voilà rapidement arrivés à 10 h par semaine.
Et finalement qu'est-ce que cela nous a apporté ?

Comprenez-moi bien, je ne jette pas la pierre et je ne juge pas :
Mon but est d'aider les gens, de les amener à comprendre pourquoi certaines de leurs habitudes sont néfastes et comment ils peuvent faire pour lancer leurs projets.

Chaque action au quotidien nous fait avancer sur nos projets. Il est toujours préférable de travailler un peu chaque jour plutôt que de ne jamais travailler et de temps

## Reprendre sa vie en main

en temps avoir un coup de boost et abattre 1 semaine de travail en 1 journée.

Car quand on travaille au quotidien, nos idées restent fraîches et il est facile de se mettre au travail.
Alors que travailler massivement d'un coup nécessite de retrouver où on s'était arrêté et finalement on perd plus de temps et d'énergie à chercher.
Chaque action demande de la force mentale. Par conséquent, le fait de se remettre au boulot après un long moment ajoute des étapes, de la friction au démarrage.

Prenons en exemple les étapes de quelqu'un qui travaille au quotidien.
La personne a prévu de travailler le soir à 18 heures.
Son ordinateur est déjà sorti, son bureau rangé.
Il a encore en tête les idées de la veille, donc ça ne lui prend que 5 minutes pour relire le travail du jour précédent et réactiver ses idées Une heure plus tard, il a fini et note où il s'est arrêté dans sa réflexion. Il range son bureau et passe à autre chose.
Comme il a pris soin de noter où il en est, il n'y pense plus du tout.


Prenons maintenant le cas de figure inverse.
La personne travaille n'importe quand, à 3 heures du matin ou 15 heures quand l'envie ou l'urgence se fait sentir.

### Reprendre sa vie en main

Son bureau n'est pas rangé et il doit d'abord s'occuper de cette tâche pour finalement allumer son ordinateur.
Il perd du temps à relire le travail pour reprendre où il s'était arrêté la dernière fois et seulement après il entame le vrai travail.

Mais dans ce cas de figure, on voit bien qu'il est difficile de prendre la décision à la base du processus, à savoir "Je dois me mettre au travail".
Car avant de travailler, il doit au minimum faire 3 actions contraignantes : ranger son bureau, chercher son ordinateur et relire le travail fait pour comprendre.
La motivation est difficile surtout si à la place il peut jouer aux jeux vidéos.

Les habitudes, surtout si elles communiquent entre elles, empêchent cette friction ou la minimisent drastiquement.

Une fois qu'on a établi que les habitudes permettent de progresser, se pose la question de comment les mettre en place ?

Car comme on le voit chaque année, les gens prennent des nouvelles habitudes en janvier suite aux bonnes résolutions de la nouvelle année et peu de temps après ils abandonnent.
Donc prendre des habitudes ou se fixer des objectifs ne suffirait-il pas ?

### Reprendre sa vie en main

Il faut donc combiner le lieu de vie sain avec peu de friction, nous reviendrons sur ce concept plus tard dans un autre chapitre : la mise en place progressive des habitudes, la définition d'objectifs segmentables qui soient clairs et atteignables ainsi qu'une dose de discipline et de courage.

Le fait de se reprendre en main est une boucle positive. Une fois qu'on a commencé et qu'on a accompli des choses, la fierté et l'envie de continuer vont remplacer le courage et la discipline.

C'est comme se remettre au sport : au début, c'est compliqué, mais après quelque temps de pratique, ça devient facile est agréable.

Ou pour reprendre l'expression de Jordan Belfort, "c'est comme lorsqu'on est devant une baignoire d'eau chaude : au début, on y rentre un doigt de pied et on le retire tout de suite, car on se brûle, 5 minutes plus tard on est complètement dedans et on s'y sent bien."

Cet effort sera au fil du temps moins nécessaire, car au fur et à mesure que nos projets avancent, la fierté de ce qu'on accomplit remplace la discipline qu'on doit s'imposer.

Il faut donc pour avancer se prendre en main en arrêtant de se chercher des excuses, commencer à bannir certains comportements qui peuvent être néfastes et se

**Reprendre sa vie en main**

fixer des objectifs concernant ce qui doit être évité (nous en parlerons plus tard)

Voyons donc ensemble comment se fixer des objectifs et comment les décomposer pour avoir un plan clair et précis des actions qu'on doit faire au quotidien pour avancer.

# 3) LA MISE EN PLACE DU PLAN ET COMMENT DÉFINIR SES OBJECTIFS ?

**Reprendre sa vie en main**

## Reprendre sa vie en main

Avoir un bon plan est primordial, car il permet de remplir ses objectifs.

Et une fois le plan mis en place, il ne reste plus qu'à le dérouler pour remplir ou au moins grandement avancer sur ses objectifs.

Avant de présenter comment on peut tenir un plan, parlons d'abord des objectifs.

Comme dit précédemment un objectif doit être clair et précis et doit pouvoir être segmenté.

Par exemple, l'objectif de devenir musclé est mauvais. Car la notion de musclé n'est pas définie clairement donc cet objectif peut être arrêté n'importe quand.

A contrario les objectifs "prendre 15 kg", "perdre 15 kg" ou "faire 100 séances de sport en un an" sont bien mieux. Car ils sont clairs : tant que les 15 kg n'ont pas été pris, il faut continuer.

De plus, l'objectif quantifiable de faire 100 séances de sport est un bon objectif, car on peut le décomposer en 25 séances par trimestre ce qui revient à 9 séances par mois soit 2 par semaine.

**Reprendre sa vie en main**

Voilà, votre plan pour cet objectif est en partie défini. Il ne reste plus qu'à déterminer le temps que vous consacrerez à chaque séance, les jours où vous pourrez pratiquer votre sport et finalement faire ces séances !

Il faut aussi fixer une date butoir. Reprenons l'exemple de l'objectif des 15 kg en plus ou en moins.

Si, en dix mois, on les perd, mais que l'objectif est sur l'année, alors il faut passer les deux derniers mois à maintenir son poids et à le stabiliser. Tant que la date butoir n'est pas arrivée, même si l'objectif est rempli, il faut continuer à travailler.

Il ne faut pas oublier qu'une fois qu'on est devenu sportif maigre ou musclé il faut se maintenir.

Il faut comprendre que même après l'objectif, il faudra maintenir des efforts.


Donc quand on se fixe un objectif, il faut fournir des efforts pour l'atteindre, mais aussi pour le maintenir, sinon ça ne sert à rien.

## Reprendre sa vie en main

Si on se fixe comme objectif de perdre 40 kg, mais qu'une fois le poids perdu, on arrête tous nos efforts, il y a de très fortes chances qu'on reprenne tout dans la foulée. Il y a aussi de très forts risques que, si vous ne prenez pas en compte dans vos calculs les efforts que vous devrez continuer de fournir, la baisse de vos résultats vous déprimera et que vous vous arrêterez. Ceci vous conduira à un retour à la case départ.

C'est pour cette raison que même si c'est bien de se fixer un objectif ambitieux, il faut quand même faire attention à ne pas viser trop haut. Car plus on visera haut, plus les efforts pour maintenir l'objectif seront conséquents.

Je vais prendre un exemple pour illustrer : je joue régulièrement aux échecs et j'en suis à 968 d'Elo (système d'évaluation comparatif du niveau de jeu des joueurs).

Donc je suis encore un joueur débutant, mais je suis un débutant en haut de panier, car je connais déjà des stratégies.

Si demain je me fixe pour objectif d'atteindre les 2000 d'Elo à la fin de l'année, cela risque d'être compliqué : non seulement pour les atteindre, mais aussi pour me

### Reprendre sa vie en main

stabiliser à ce niveau (surtout si par la suite je ne pratique plus régulièrement).

En effet, à mon retour dans le jeu, je vais me retrouver contre d'autres personnes qui sont a 2000 d'Elo. Mais comme elles travaillent au quotidien, ces personnes mémorisent les coups et les stratégies que j'aurais sans doute oubliés du fait du manque de pratique.

Donc je vais me faire largement dépasser. Il faut donc fournir des efforts pour que j'arrive à ce niveau, mais aussi fournir des efforts pour que je me stabilise à ce niveau.

Néanmoins, le cerveau étant une machine extraordinaire, ce dernier me permettra assez vite de retrouver mon bon niveau, car il est plus facile de retrouver une compétence que de l'acquérir.

Le raisonnement est le même pour les muscles : il est plus facile de redevenir musclé grâce à la mémoire musculaire que de le devenir pour la première fois.

Pour réussir ces objectifs, il faudra de la discipline.
On peut définir la discipline comme étant une absence de choix. Quand une action doit être faite, il faut le faire c'est tout.

### Reprendre sa vie en main

Les techniques déjà présentées dans les pages précédentes et celles à venir ont pour but de réduire le fardeau que représente le travail.

Néanmoins, il faut garder en tête au moment du choix des objectifs, qu'un objectif choisi est toujours plus facile à atteindre qu'un objectif imposé. En effet, les contraintes imposées par autrui sont bien plus dures à vivre que les contraintes qu'on s'est nous-même fixées. C'est pour ça qu'il faut choisir nous même nos contraintes. Le changement doit venir de notre propre volonté, sinon on ne le tiendra pas sur la durée.

Pour rappel, en philosophie, on décrit la liberté non pas comme une absence de contrainte, mais par le choix des contraintes qu'on souhaite se donner.
Par conséquent, même avec du travail acharné, la liberté telle qu'on se l'imagine "Faire ce qu'on veut, où on veut et quand on veut" n'est pas vraiment possible.

Enfin j'ajoute une petite astuce à la liste de ce qu'on a vu. Pour ceux qui ont déjà lu <u>Influence et manipulation</u> de Robert Cialdini, vous devriez savoir de quoi je parle. Quand on se fixe des objectifs, on peut s'aider de deux puissants biais psychologiques : le biais de cohérence et l'aversion à la perte.
Avant de vous expliquer comment on peut s'en servir, je vais vous expliquer ce qu'ils veulent dire.

### Reprendre sa vie en main

Le biais de cohérence se base, comme son nom l'indique, sur la cohérence des gens entre eux.

Quand une personne fait des actions ou s'engage pour quelque chose, pour rester cohérent dans sa démarche, elle va continuer dans cette même direction, même si les raisons qui l'avaient poussé à aller dans cette direction ont changé.

La personne, pour ne pas paraître incohérente envers elle-même et ses proches, va continuer dans le même sens.

C'est pour ça que les gens qui prennent des engagements en public auront bien plus tendance à les tenir, parce qu'ils veulent rester cohérents avec eux-mêmes.

Le biais de l'aversion à la perte, quant à lui, dit que les gens attachent plus d'importance à une perte qu'à un gain. Les informations négatives sont plus impactantes que les informations positives (on a trop peur de perdre).

En clair, perdre 100 euros nous fera plus mal et plus longtemps que gagner 100 euros.

De ce fait, les gens qui s'engagent financièrement dans quelque chose iront jusqu'au bout.

Par exemple, un employé qui déteste son boulot va tout de même y rester par peur de la perte de son statut financier.

Quand on se fixe des objectifs, ces deux biais peuvent être utilisés comme filet de sécurité, pour qu'on soit sûr de les tenir.

## **Reprendre sa vie en main**

Par exemple, quand on se fixe des objectifs, on peut le faire en public, dans la rue ou devant nos proches. Dans ce cas-là, par cohérence avec nous même, on aura une raison en plus de continuer à travailler sur nos objectifs. Eh oui, on s'est engagé devant des gens et on ne veut pas passer pour un idiot. Donc en plus du biais de cohérence, on se rajoute la pression sociale.

Nous sommes des animaux sociaux, c'est important de le retenir.

Ça peut paraître évident, mais souvent pour se motiver, on décide de se reprendre en main en même temps que nos amis ou alors on tente de les motiver pour qu'ils le fassent aussi (étant donné qu'il y a peu de chances que vous parveniez aux mêmes conclusions en même temps).

Le mieux serait donc de former un groupe, ce qui créera une synergie de groupe qui vous tirera, vous et le groupe, vers le haut. Un groupe de trois personnes serait idéal :
- Quand on est seul, on n'a que notre discipline et notre mauvaise conscience pour nous pousser à travailler en plus des astuces citées précédemment.
- Quand on est deux, on a plus de chance d'être motivé et de vouloir travailler. Mais si l'un des deux a la flemme ou n'est pas d'humeur, l'autre peut facilement se laisser tenter et abandonner lui aussi.

### Reprendre sa vie en main

- Par contre, quand on est trois, si l'un des trois a la flemme, il sera en infériorité vis-à-vis des deux autres qui voudront travailler. Du coup, le flemmard aura tendance à se mettre au travail.

Le cas extrême voudrait que deux personnes sur trois n'aient pas envie de travailler, mais ce cas de figure est bien plus rare que celui d'une personne sur trois.
En plus, si les trois personnes travaillent sur un objectif commun, comme chacune compte sur l'autre, il leur sera difficile de ne pas travailler. Ce n'est pas nous que nous décevrons ou mettrons dans l'embarras si le travail n'est pas fait, mais c'est tout le groupe !

Attention à ne pas se laisser avoir par l'effet inverse : si le groupe est trop gros, on aura une dilution des responsabilités et donc les personnes risquent de moins travailler.

Toujours est-il que se mettre à travailler sur soi à plusieurs est vraiment une bonne chose, parce que ça crée autour de soi une dynamique positive et ça nous encourage à travailler.
Même si on ne travaille qu'avec une seule autre personne ça reste quand même mieux que rien.

Si vous n'arrivez pas à convaincre des gens, ne désespérez pas non plus ! Il se peut que, quelque temps après que vous vous soyez repris en main, votre

### Reprendre sa vie en main

changement les inspire, les pousse à s'améliorer et donc à vous rejoindre.

Et si vraiment personne autour de vous ne peut se joindre à votre envie de changer, vous pouvez toujours rejoindre des communautés dédiées ou des forums.
Il existe néanmoins un petit piège à ce niveau : le risque est de passer trop de temps à se concentrer sur les autres et sur les forums en se disant qu'on travaille, et que par conséquent on s'améliore.
On commence le développement personnel en passant son temps à ingérer du contenu ou à en discuter en ligne, mais en réalité on agit très peu. Par voie de conséquence, au bout d'un certain temps, voyant tous les "efforts" qu'on a mis dedans et le peu de résultats qu'on obtient, on finit malheureusement complètement dégouté et on abandonne.

Il faut bien s'entourer, mais aussi travailler beaucoup sur soi pour vraiment progresser et réussir.
On dit souvent qu'on est la somme des cinq personnes que l'on fréquente le plus. Ces cinq personnes, selon leurs valeurs et qui elles sont, peuvent vous tirer vers le haut ou vers le bas ; c'est pourquoi il est important de bien savoir s'entourer.

Revenons-en donc maintenant aux leviers ou comment peut-on s'en servir sur nos biais psychologiques.

## Reprendre sa vie en main

Par exemple, dans le cas de l'aversion à la perte, on peut, après s'être fixé un objectif, confier une somme d'argent à quelqu'un de confiance en lui disant de ne nous la rendre qu'une fois notre objectif atteint.
Attention, ce doit être une véritable personne de confiance, sinon le stress nous empêchera de travailler et on risque de vraiment perdre cet argent confié. Restez très prudents quant à l'utilisation de cette technique.

Mais, le mieux est de se dire que si on atteint l'objectif qu'on s'est fixé, on se récompensera avec un objet qu'on désire depuis un moment (ex : une montre, des vacances ou autres).

Il faut juste retenir que le gain sera toujours moins motivant que la perte.

Il faut donc bien se connaître pour choisir si on utilise ou non ces leviers.
Nous avons donc vu comment fixer des objectifs et comment les pousser à les réaliser.

Il faut se fixer quelques objectifs pour l'année à venir, à la fois quantifiables et qui puissent être découpés pour les travailler régulièrement et avancer.
Ce qui fait qu'au quotidien, on sait dès le réveil où l'on va et qu'elle est la finalité de ce qu'on fait. De plus, le fait que nos objectifs soient découpés nous permet une plus grande flexibilité.

### Reprendre sa vie en main

D'autres personnes peuvent se servir d'un emploi du temps pour se fixer des objectifs au jour le jour ou sur une semaine. C'est vrai que pour certains profils, l'emploi du temps peut être bien, car ça nous enlève de la friction et on sait à chaque heure qui passe ce qu'on doit faire.

Pour les profils les plus dissipés ou qui n'ont pas encore réellement acquis des habitudes de travail, le dayboard peut être une bonne alternative. Il s'agit d'un tableau où on note ses objectifs des deux jours suivants et qui nous permet de savoir ce qu'on doit faire au quotidien avec plus ou moins de consignes.

Par exemple, mon dayboard est réparti en trois segments : matin, après-midi et soirée. Donc je sais si une action doit être faite le matin, l'après midi ou le soir, même si je me laisse le choix de faire ma séance de sport à 13 heures ou 3 heures plus tard à 16 heures.

Dans un emploi du temps, si j'ai une séance à 13 heures, il n'y a pas d'autres possibilités, car les créneaux horaires sont déjà pris. Si on prend trop de temps sur la séance ou si on ne la fait pas à cause de la fatigue, c'est fichu. Après l'heure, ce n'est plus l'heure.
Un empêchement peut également beaucoup nous gêner...


Donc, pour noter ses objectifs quotidiens ou hebdomadaires, on a quelque solutions :

## Reprendre sa vie en main

- Le dayboard où on note les objectifs avec ou non le choix de la tranche de la journée : on peut très bien juste faire une liste des actions à faire et toutes les faire le soir ou le matin.
Le problème avec ce genre d'outils, c'est qu'il faut être discipliné et se connaître car l'absence d'horaires peut nous conduire à faire tous les travaux du soir à 22h par exemple, ce qui n'est pas efficient.

- L'emploi du temps : cela peut être très efficace si on a de la discipline et qu'on a jamais ou peu d'imprévus.
Il peut nous permettre d'avancer extrêmement vite sur nos objectifs.
Mais l'emploi du temps pourrait s'apparenter à une horloge, il suffit qu'un rouage parte pour que le reste s'en aille aussi et que la journée soit ratée.

- La To do list : on note les activités sur une journée sans créneaux horaires ni fractionné matin - après-midi - soir.

Il faut donc peser le pour et le contre de ces outils et choisir le meilleur pour soi au quotidien.
D'un côté la discipline, mais le manque de flexibilité.
De l'autre côté, un manque de discipline, mais une énorme adaptabilité.

Si votre vie est plutôt chaotique et que vos horaires ne sont pas définis à l'avance, il vaut mieux partir sur un dayboard ou une To do list.

### Reprendre sa vie en main

Si vous êtes du genre craintif et stressé, l'emploi du temps pourra vous rassurer, car vous contrôlerez toute votre journée et vous ne stresserez pas.

La To do list peut être bien pour commencer à cadrer ses journées et à prendre l'habitude de se fixer des objectifs.
Je sais que j'avais commencé comme ça au début avec une liste d'actions à faire au quotidien sans préciser quand je devais les faire ou non. Puis j'ai remarqué que certaines actions revenaient tous les jours comme passer le balai ou promener le chien. J'ai donc regroupé ces actions sous des appellations qui les contiennent toutes pour gagner du temps ou de la place.
Et enfin quand j'ai vu que j'étais plus efficace le matin, j'ai segmenté ma journée avec le matin des travaux mentaux comme la rédaction de mes e-books ou l'apprentissage des langues et l'après midi les travaux physiques comme le sport, ranger ma maison ou promener mon chien.

La To do list peut être super pour se reprendre en main surtout si on n'a pas l'habitude des deux autres moyens cités au-dessus. Mais elle a comme inconvénient d'être rapidement limitée en place ou en utilité.
Donc, elle est utile au début quand on cherche à s'y mettre petit à petit, pour commencer à s'habituer à se fixer des objectifs (ce qui dans le fond reste le plus important).

## Reprendre sa vie en main

L'investissement pour ces trois objets est vraiment minimal puisque de simples feuilles de papier suffisent.

Au début quand j'ai commencé avec une To do list, j'avais juste pris une ardoise que j'avais gardé du CP pour noter les actions que je devais faire. Comme l'ardoise était vieille, je suis passé à la feuille de papier.
Depuis, ayant vu l'importance de toujours avoir sous les yeux ses objectifs et son travail à faire, ainsi que de noter par écrit en permanence, j'ai décidé d'acheter une feuille d'ardoise blanche que j'ai accrochée sur le mur en face de mon bureau.

Au quotidien, j'inscris dessus les tâches que j'ai à accomplir sur deux jours et j'y ajoute les informations que je juge importantes et utiles et dont je dois me rappeler
Je sais donc, à n'importe quel moment de la journée, la charge de travail qu'il me reste à accomplir avant d'aller me coucher et donc je sais comment je peux m'organiser pour travailler.
De plus, comme l'ardoise est effaçable, je peux interchanger des actions que je fais dans la journée, les regrouper toutes au même endroit ou même en rajouter.
C'est vraiment très pratique.

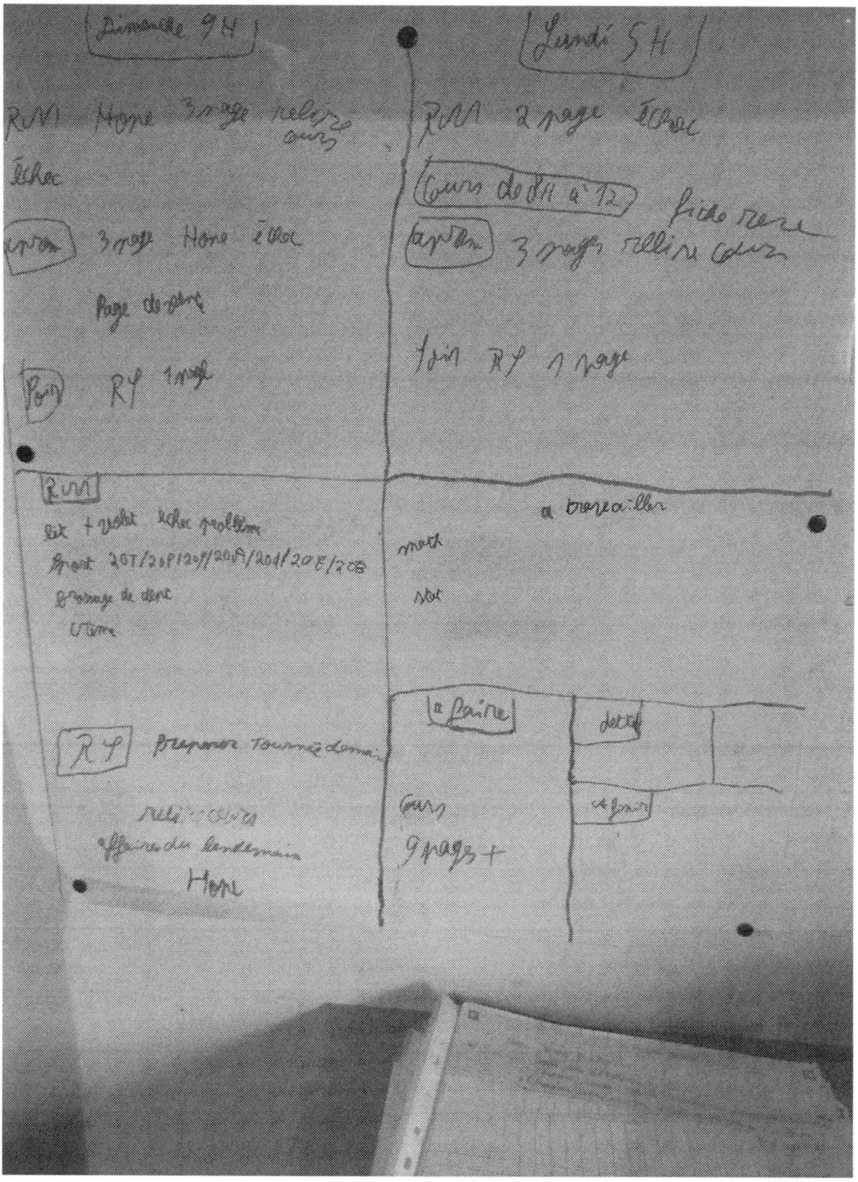
Dimanche 9H
Lundi 5H
a faire

## Reprendre sa vie en main

Ceci est mon dayboard.
J'écris mal et je m'excuse, mais habituellement je suis le seul à le lire.

On peut voir plusieurs informations dessus que je vais m'employer à détailler :

-dans le coin supérieur gauche : un jour et une heure, à savoir dimanche 9 heures. Dimanche correspond au jour où je devrais remplir ses tâches et l'heure (9 heures) correspond à mon heure de réveil. Je sais donc le samedi soir que le lendemain je me lèverai à 9 heures.
Ensuite apparaît le terme RM qui correspond à mon Rituel du Matin (plus d'explications dans le chapitre suivant).
Le fait de marquer juste RM me permet un gain de temps plutôt que de marquer toutes les tâches que je dois effectuer quand je le fais.

-en bas à gauche du tableau, je détaille les tâches de mon RM et de mon RS (Rituel du Soir), ce qui me permet de savoir quoi faire.
Il faut retenir que votre dayboard ou votre moyen de préparer vos journées doit être le plus clair possible pour vous.
Donc on voit que le dimanche je me lève à 9h, qu'après mon réveil et mon rituel du matin, je dois promener mon chien Hope, écrire trois pages de contenu pour mon livre, relire mes cours et faire plusieurs parties d'échecs d'entraînement.

## Reprendre sa vie en main

Certaines tâches, comme le balai, ne sont plus écrites, car elles prennent peu de temps et peuvent être intercalées quand on veut.
Ensuite, l'après-midi, je dois de nouveau rédiger trois pages, promener le chien, jouer de nouveau aux échecs et rédiger la page de vente pour mes produits.
Enfin le soir, je dois faire mon rituel du soir et écrire une dernière page de contenu.

Toutes ces tâches sont résumées en quelques mots sur mon dayboard. La logique est la même pour lundi et pour les autres jours.

-dans le coin en bas à droite : mon ardoise murale étant grande, j'ai décidé d'ajouter d'autres informations sur celle-ci. J'ai une catégorie dans laquelle je note les cours que je dois retravailler pour la faculté ainsi qu'une autre où je note les tâches qu'il me reste à faire.
A l'heure où j'écris ces lignes, nous sommes samedi et pourtant sur la photo n'apparaissent que les journées de dimanche et lundi.
En fait, il ne me restait plus que deux tâches à faire avant la fin de la journée. J'ai donc noté ces deux tâches dans la catégorie à faire et j'ai effacé la journée de samedi pour écrire celle de lundi.
Juste à côté j'ai une catégorie Dettes dans laquelle je note à gauche l'argent que les gens me doivent et à droite l'argent que je dois aux gens. On voit sur la photo que pour l'instant les deux sont vides, car il n'y a pas de dettes existantes dans un sens comme dans l'autre.

## Reprendre sa vie en main

Enfin, j'ai créé une catégorie nommée À finir. Dans cette dernière je note les travaux que j'ai à finir, mais qui ne sont pas en rapport avec mes objectifs : par exemple, si un professeur me donne un devoir, je le noterai dans cette partie de mon dayboard.

Pour celles et ceux qui ne veulent pas utiliser des feuilles ou acheter un tableau, vous pouvez toujours noter vos actions sur des applications dans votre téléphone ou sur vos appareils numériques.
J'ai fait la liste dans l'un des chapitres de toutes les applications qui pourraient vous être utiles.

Comme nous l'avons vu, un objectif doit être précis et séquençable. On doit savoir, avant de se fixer un objectif, qu'il est malheureusement possible qu'il faille maintenir des efforts même après la fin de l'objectif.
Au quotidien, on utilise un des trois outils précités ou une application dédiée, auquel ou à laquelle on ajoute des astuces pour se motiver à travailler.

### Exemple de différents emplois du temps

Celui-ci a une vue d'ensemble sur la semaine dans laquelle il mêle les cours aux autres activités. C'est un mélange entre emploi du temps scolaire et emploi du temps de nos activités.

## Reprendre sa vie en main

| Heure | Lundi | Mardi | Mercredi | Jeudi | Vendredi | Samedi | Dimanche |
|---|---|---|---|---|---|---|---|
| 6h00 | Devoirs | Devoirs | ✦ | ✦ | ✦ | ✦ | ✦ |
| 6h30 | ∞ | | | | | | |
| 7h00 | Devoirs | ES | Maths | Maths | Hist - Géo | Clarinette | Marche |
| 7h30 | | | | | | ∞ | |
| 8h00 | Philo | | P - C | | | | |
| 8h30 | HLP | Philo | DS | Philo | P - C | Devoirs | Devoirs |
| 9h00 | | | | | | | |
| 9h30 | Anglais | EMC | | P - C | | | Violon |
| 10h00 | HLP | P - C | Repas | Repas | Repas | Meal prep + Ménage | Meal prep + Ménage |
| 10h30 | Repas | Repas | Devoirs | HLP | | | |
| 11h00 | Allemand | Philo | Secours Populaire | HLP | Devoirs | Devoirs | |
| 11h30 | Vie de classe | HLP | | Allemand | Anglais | | |
| 12h00 | Ménage | P - C | Devoirs | Devoirs | HLP | Sport | Culturel |
| 12h30 | | | | | | | |
| 13h00 | Devoirs | | | Hist - Géo | HLP | | |
| 13h30 | | | Violon | | | Anglais | |
| 14h00 | Sport | Devoirs | Sport | Devoirs | Devoirs | | |
| 14h30 | | | | | | Allemand | ∞ |
| 20h | ∞ | ∞ | | Clarinette | ∞ | | |
| 20h30 | Repas | Repas | Repas | | Repas | Repas | Repas |
| 21h00 | | | | Repas | | | |
| 22h00 | ✦ | ✦ | ✦ | ✦ | ✦ | ✦ | ✦ |

### Reprendre sa vie en main

Celui-ci n'est pas organisé sur la semaine, mais sur la journée (en matinée et après-midi). On remarquera aussi que l'amie qui les a fait et qui a gentiment accepté de me les envoyer a ajouté une citation inspirante pour se motiver et agrandir sa culture.

**Reprendre sa vie en main**

MATINÉE

*Sunday*

Il faut tendre vers l'impossible : les grands exploits à travers l'histoire ont été la conquête de ce qui semblait impossible.
Charlie Chaplin

**5h-** Douche
**5h15-** Exercices de sport
**5h45-** Organisation de la journée
**6h-** Devoirs
**8h-** Culture générale
**9h-** Déjeuner
**9h45-** Olhain
**11h30-** Organisation des plats de la semaine
**12h-** Organisation de cours de culture générale
**12h30-** Repas

## Reprendre sa vie en main

Pour retenir comment doit être un objectif vous pouvez retenir l'anagramme SMART
S pour spécifique l'objectif est identifiable par exemple "faire des fiches de révision ou ranger ma chambre"
M pour mesurable comme dit précédemment on doit pouvoir quantifier nos objectifs pour savoir à chaque instant là où on se trouve dans notre avancement.
A pour attirant l'objectif doit vous plaire même un minimum mais si la tâche ne vous plaît pas vous ne pourrez pas la finir malheureusement car le coût bénéfice travail réalisé par votre cerveau ne sera pas en faveur de cet objectif.
R pour réaliste si on commence le sport l'objectif de faire 500 pompes d'affilée ou de courir 10 h ne sera pas réalisable et aura plus de chance de vous démotiver qu'autre chose il faut donc savoir ce connaître.
Et enfin T pour temporairement définie on doit se fixer une date butoir.

Passons dès à présent au chapitre suivant dans lequel on verra quelle sont les mauvaises habitude qui vous mange votre temps au quotidien.

## 4) LES MAUVAISES HABITUDES À LIMITER OU À PROSCRIRE.

**Reprendre sa vie en main**

### Reprendre sa vie en main

Une fois les objectifs mis en place et le plan préparé, il faut mettre toutes les chances de son côté.
Attention, je reprécise, je ne vous dis pas ce qu'il faut que vous fassiez. Je vous donne simplement des pistes de réflexion en vous expliquant pourquoi c'est peut-être mieux de faire telle action au lieu de telle action.
Après, ce que vous ferez des conseils donnés dans cet e-book, c'est entre vous et vous seul.

Pour commencer, faire le point sur ses activités journalières peut être une bonne chose pour savoir combien de temps on passe sur les différentes tâches. On regarde d'abord à la journée et ensuite le temps précis de chaque activité sur son téléphone ou son ordinateur.
Pour ce faire, vous pouvez regarder dans le paramètre temps d'écran qui se trouve normalement dans la catégorie "paramètres" de vos appareils. Si vous ne le trouvez pas, vous pouvez toujours télécharger un tracker de temps sur votre téléphone et sur vos autres écrans (tablette, ordinateur, console, etc).
Ainsi, vous pourrez prendre conscience de comment vous utilisez votre temps dans une journée. Une fois les conclusions tirées, vous pourrez séparer vos activités en deux (attention, le sommeil ne compte pas, bien entendu, car il est vital) :
- D'un côté les activités nécessaires et utiles comme le travail, le lycée, l'école, le sommeil, ou le fait de se nourrir, d'apprendre et de se former.

### Reprendre sa vie en main

- De l'autre côté, les activités qui ne sont pas utiles au quotidien comme les réseaux sociaux, YouTube, la télévision...

Il faut peser le pour et le contre de chaque action. Et regarder si on ne peut pas les combiner avec d'autres choses.

Par exemple, regarder YouTube 4 heures par jour n'est pas forcément gênant si, en même temps que le visionnage, on range sa maison ou on travaille sur un domaine qui ne demande pas forcément énormément de concentration ou on fait du sport. Tant qu'on fait une activité utile en même temps qu'on visionne YouTube, on peut ne pas tenir compte du temps passé dessus.

De même, passer 4 heures sur YouTube à écouter des podcasts sur la psychologie, l'histoire ou la science n'aura pas le même intérêt que passer 4 heures à regarder des vidéos amusantes qui nous donnent ensuite le sentiment d'avoir perdu notre temps.

En règle générale, si on trouve qu'on perd notre temps sur une activité, c'est que c'est plutôt vrai. Si après 4 heures sur YouTube, on a eu le sentiment d'avoir perdu notre temps, ça peut être un bon indicateur. Si on le ressent comme ça, il faut alors voir si on n'aurait pas pu faire quelque chose qui soit plus utile.

Une autre mauvaise habitude est de tout remettre au lendemain. Celle-ci est peut-être l'une des pires, car pris

## Reprendre sa vie en main

dans la routine, on ne se rend pas compte que "demain" signifie "jamais" la plupart du temps.

Pour beaucoup, on base notre estime de nous même et notre fierté sur nos projets et ce qu'on accomplit. Le fait de tout remettre au lendemain fait qu'on stagne au quotidien. Arrive le moment où un jour, on regarde en arrière et on se rend compte que ce qu'on a reporté à demain, en réalité cela fait 40 ans qu'on doit le faire. Ce jour-là on voit que depuis 40 ans, on repousse nos projets pour faire à la place des choses sans intérêts ou que l'on n'aime pas.

Beaucoup de gens se plaignent souvent du manque de temps et finalement, quand on les observe dans leur quotidien, on se rend compte que le temps, ils l'ont. Mais chaque fois qu'ils ont le choix entre travailler et faire quelque chose de ludique et non contraignant, ils choisissent toujours la deuxième option.

C'est tellement plus facile de choisir la facilité et de trouver ensuite qu'on ne fait pas assez et que les riches ont la chance d'être bien nés.

Le monde est déjà assez injuste, alors pourquoi laisser des choses nous empêcher d'avancer ?

J'ai une petite astuce. Elle ne marche pas à chaque fois, mais elle m'a été utile suffisamment de fois pour que je l'évoque.

Souvent, quand je veux faire une action au moment où je réfléchis à l'action et que j'estime qu'il est bon pour moi de la faire, je me mets à compter jusqu'à trois.

## Reprendre sa vie en main

À trois, je suis censé m'être levé et dirigé vers l'action que je dois faire où je suis censé avoir coupé ce que j'étais en train de faire pour pouvoir faire l'action que je juge plus utile.

Une fois le tri effectué entre les activités utiles, inutiles et neutres (comme YouTube dans le cas précédent), vient la phase la plus compliquée : celle des choix.

Encore une fois, deux méthodes s'affrontent. Étant donné que j'ai testé les deux, je peux faire un retour d'expérience.

Tout d'abord la méthode progressive : on remplace petit à petit nos activités par d'autres qu'on trouvera plus utiles (remplacer les 2 heures d'Instagram quotidien par du sport ou un cours de langue par exemple). Pour montrer le poids des réseaux sociaux, faisons un peu de calcul et imaginons qu'on passe 30 minutes par jour sur Instagram. On est tenté de dire que ce n'est pas si énorme, car ça représente 1/32$^e$ du temps de notre journée (on considère qu'une personne dort 8 heures par nuit et qu'elle a 16 heures d'activité). Donc 30 minutes sur 16 heures, cela représente 1/32.
Mais si on analyse ce que représentent ces 30 minutes, cela devient 3 heures 30 par semaine, soit environ 14 heures par mois et quasiment 168 heures par an. Sur toute une vie, ça représente plus d'un an passé sur les réseaux sociaux.

## Reprendre sa vie en main

Pour rappel, le chiffre de 30 minutes par jour est une moyenne basse ; certains peuvent y passer 2 ou 3 heures par jour pour finalement aucun résultat.

La dernière fois que je suis allé sur Facebook, je suis tombé sur un article recommandé qui titrait " L'incroyable coup de vieux et le changement physique des stars de notre jeunesse". En réfléchissant 2 secondes, je me suis rendu compte que je me fichais éperdument de ces stars que je ne connaissais que virtuellement et que je ne rencontrerai jamais. Je me fichais bien de savoir qu'elles avaient pris un coup de vieux et à quoi elles pouvaient désormais ressembler

Se pose donc la question : est-ce qu'on a vraiment envie de passer 1 an de notre vie à lire ce genre d'article sur les réseaux sociaux ? Ou savoir que le cousin de l'oncle de notre voisine était en vacances et que son chien a mangé le parasol ?

Le raisonnement est le même pour beaucoup d'autres activités que l'on fait au quotidien.
La pornographie sur internet par exemple suit le même principe que les réseaux sociaux sauf que c'est bien plus destructeur pour notre propre estime.

Revenons-en à ce que je disais précédemment sur comment quitter les réseaux sociaux : ça peut se faire, mais ça reste très fragile. Les réseaux sociaux nous connaissent, ils savent très bien quoi nous montrer pour

### Reprendre sa vie en main

nous faire rester sur leur plateforme. Voici donc différentes méthodes :

- La technique pour réduire ma consommation quotidienne par le temps et la proposition de contenu. Plusieurs fois j'ai essayé de quitter YouTube avec
Je m'étais désabonné de la plupart des chaînes que je suivais. Et je faisais le tri de ce que YouTube me proposait en cliquant sur le bouton "ne pas recommander" ou "je ne suis pas intéressé".
Sauf qu'à ce moment-là, j'étais encore jeune et je n'ai pas su combler le vide de YouTube avec autre chose et 1 mois après avoir commencé j'y suis retourné. L'algorithme m'avait proposé des vidéos dans les domaines qui me passionnent et j'y suis retourné.

Il faut donc avoir énormément de discipline pour suivre cette méthode. Il y a quelques mois je l'ai tenté à nouveau et jusqu'à présent je m'y tiens.
Je ne regarde plus que ce que je veux voir et très souvent, je me retrouve à ne rien pouvoir regarder, car l'algorithme a du mal à me proposer des choses.
Tous les jours durant les 10 minutes libres de ma journée, je supprime mon historique YouTube et mon historique de recherche YouTube et je supprime tous les contenus qui ne m'intéressent pas.
Combinez à ça le fait que je regarde toutes mes vidéos en vitesse x2 pour avoir un gain de temps. Je n'ai plus énormément de soucis avec YouTube.

## Reprendre sa vie en main

Ce principe peut aussi s'appliquer à Snapchat, Facebook, Instagram ou Twitter.

La deuxième solution est plus radicale, mais nécessite une petite préparation pour la mettre en place.
Sur vos réseaux sociaux, partez voir en message privé les gens que vous suivez (amis, proches ou famille) et dîtes leur que vous allez quitter les réseaux et que vous souhaiteriez avoir leur numéro pour rester en contact avec eux.
Si la personne n'accepte pas, tant pis, cela tendra juste à montrer que cette personne n'est pas intéressante, car quelqu'un de censé ne verra pas de problèmes à vous donner son numéro surtout si vous êtes quelqu'un de confiance.
Si la personne accepte, notez le bien.
Attendez une semaine que tous les gens aient pu vous répondre
et une fois les numéros récupérés, vous supprimez vos comptes définitivement ou vous désinstallez l'application.
Et vous ne la réinstallez plus.

Contrairement à l'autre, cette méthode ne demande que très peu de discipline. Une fois supprimés et vu l'énergie qu'il vous faudra pour récupérer vos comptes, la flemme naturelle prendra le pas sur la discipline et vous ne repartirez pas en arrière (pour une fois que la flemme nous est utile!!)

## Reprendre sa vie en main

De plus, aujourd'hui les études nous montrent que les réseaux sociaux et le téléphone réduisent notre niveau de concentration. C'est donc une mauvaise habitude d'être sur les réseaux sociaux car, non seulement, ils sont chronophages, mais en plus, ils peuvent être néfastes pour nous, car ils réduisent à la fois notre concentration, mais aussi notre estime de soi.

Comment peut-on être fier de soi quand on passe nos journées à voir des personnes qui nous montrent leur super vie ? Le fait de voir des super images du quotidien des autres nous fait haïr le nôtre et nous donne des excuses pour procrastiner.
On se dit "Je ne fais rien, mais de toute façon, comparé à lui, je suis nul, donc à quoi bon ?".

Donc, une fois les mauvaises habitudes chronophages retirées, on peut partir ensuite sur de nouvelles habitudes, soit petit à petit soit d'un coup (ce qui n'est pas recommandé parce que le changement peut être trop brutal, on risque de craquer plus vite et repartir dans la zone qu'on souhaite quitter, ce qui serait vraiment dommage).

Ensuite, les autres conseils, quant à eux, sont plutôt basiques et simples. Et à la lecture de ceux-ci, la tentation de me lâcher un "Ok Boomer" devient de plus en plus grande ("OK Boomer" est une phrase devenue populaire sur internet et utilisée pour tourner en dérision

## Reprendre sa vie en main

les jugements condescendants des personnes nées pendant la période dite du baby boom).
Quoi qu'il en soit, rassurez-vous, ce sera le seul chapitre comme ça.

Comme on l'a vu, lâcher les réseaux sociaux ou en limiter la consommation peut nous faire gagner du temps et de la confiance en nous même.
Mais, si à côté de ça, on a toujours des habitudes néfastes, cela reste comme mettre un pansement sur une hémorragie.

*Le sommeil est primordial.*
Si je me prends en exemple, dans les périodes où je dors mal, je perds énormément de motivation et je m'enfonce dans un cercle vicieux. Perdre ma motivation me fait stresser et stresser m'empêche de bien dormir, du coup je tourne en boucle.

Il est donc primordial de bien dormir.
Commencez par changer régulièrement vos draps, aérer régulièrement votre chambre ou votre pièce de vie.
Ensuite, n'allez pas sur les écrans le soir, à cause de la lumière bleue qui trompe nos sens et empêche la sécrétion dans notre corps de mélatonine.
Enfin, tâchez de conserver les mêmes heures de coucher pour idéalement conserver le même temps de sommeil journalièrement.

### Reprendre sa vie en main

Ces petites mécaniques devraient normalement être acquises, car on nous le répète depuis qu'on est tout petit.

Par ailleurs, il faut aussi bien se nourrir, éviter les produits trop industriels bourrés de gras et de sel.
Il est également nécessaire de ne pas surchauffer les pièces de vie et de bouger régulièrement pour éviter les maladies liées au surpoids ou à la sédentarité.

Pour le coup, les conseils donnés dans les pages précédentes mis bout à bout peuvent faire une réelle différence. Ils seraient à ranger dans la catégorie des habitudes à limiter plutôt qu'à proscrire.

Nous ne sommes pas des robots. Les aléas de la vie ou notre fatigue émotionnelle peut faire que, certains jours, on n'aura pas la patience de se faire à manger et que le fastfood sera vu comme la seule solution.
Ou certains soirs, plutôt que de dormir comme un moine à 22 h pour avoir une bonne nuit, on a envie de sortir, de regarder un film ou tout autre chose.

Il faut accepter qu'on ne soit pas parfait et que parfois on puisse se permettre des erreurs ou des excès.
C'est toutes ces habitudes mises bout à bout et pratiquées tous les jours ou très régulièrement qui sont vraiment mauvaises, pas l'action en elle-même et ses quelques écarts.

### Reprendre sa vie en main

Ça y est ! On peut se détendre de nouveau, les conseils de base sont passés.

En parlant de détente, tout à l'heure, j'ai évoqué des habitudes que j'ai jugées inutiles. Mais il faut quand même garder à l'esprit que nous sommes des êtres humains, pas des robots.
Il faut qu'on travaille au quotidien, mais il nous faut aussi des périodes au cours desquelles on peut se détendre.
C'est une question de tempérance.
Passer 10 heures par jour sur une activité qui n'est pas forcément utile, c'est trop, mais à l'inverse, ne faire que travailler, c'est le meilleur moyen pour faire un burn out à 40 ans. Il faut savoir doser les deux, même si la balance doit plus pencher du côté du travail que du laissé aller. Il faut quand même savoir se reposer et accepter de ne rien faire ou de ne rien faire d'utile.


Résumons juste les éléments donnés. Certaines actions faites au quotidien, sans parfois s'en rendre compte, peuvent être néfastes tout de suite, voire même sur le long terme.
Il est donc important d'en prendre conscience et de savoir parfois dire stop et ralentir si nécessaire.
Remarquons néanmoins que ces habitudes prises une par une n'ont pas l'air si mauvaises que ça. Passer 10 minutes sur Instagram ou se coucher à 3 heures du matin chaque nuit semble bien peu de chose, mais ces

**Reprendre sa vie en main**

actions accumulées ensemble font qu'elles pèsent très lourdement sur nos épaules.

Il est donc très important de savoir comment se compose notre journée pour comprendre ce qu'il faut changer et trouver rapidement par quoi remplacer ces mauvaises habitudes. Quels aménagements faudra-t-il faire pour maintenir nos nouvelles habitudes ?

Enfin, un dernier point non abordé : l'ennui.
On a vu qu'il existait des actions utiles et des actions inutiles.
Mais, au cours d'une journée, nous ne sommes pas obligés d'alterner uniquement entre ces deux types d'action, car on peut aussi prendre le temps de s'ennuyer.
Aujourd'hui, c'est compliqué pour tout le monde, car on est habitué à être stimulé en permanence et notre temps de concentration diminue de plus en plus. Et ce, au point que, dans le futur, la capacité à se concentrer pendant une longue période sera valorisée en entreprise.



L'ennui est de plus en plus mis de côté alors qu'il est important.
En comparant l'analyse du cerveau d'une personne qui s'ennuie à celle du cerveau d'une personne en activité,

## Reprendre sa vie en main

on constate que le cerveau reste quand même beaucoup mis à contribution.

Il ne baisse que d'environ 5% de son activité quand une personne s'ennuie.

C'est peu, vraiment peu. Lorsqu'on s'ennuie, notre cerveau va travailler. Il va trier les informations auxquelles on a été confronté. Il va créer des liens logiques entre les informations, réfléchir à des idées ou à des concepts et énormément d'autres choses.

Privé son cerveau de l'ennui, c'est l'empêcher de faire ces actions qui sont pourtant importantes.

Par exemple, c'est quand je me douche que je trouve le plus d'idées, je ne peux faire que réfléchir car je m'ennuie. Il en est de même quand on marche ou qu'on fait une activité qui ne stimule pas notre cerveau : il cherchera à se stimuler lui-même.

Pour avoir fait le test, je sais que c'est extrêmement dur : depuis que j'ai 14 ans, je fais absolument tous mes trajets avec de la musique dans les oreilles ou j'écoute des podcasts.

Récemment j'ai testé le trajet sans rien écouter et c'est vraiment dur. J'ai tendance à déprimer quand je me sens seul et ne pas être stimulé par quoi que ce soit renforce cette solitude.

Mais sur le long terme, ça ne peut qu'aider. Quand une situation ne nous plaît pas et qu'on ne peut la changer, alors il vaut mieux l'accepter et faire avec.

### Reprendre sa vie en main

Suite à cette note joyeuse sur l'ennui, passons donc à une petite histoire avant de conclure ce chapitre.

Imaginons une situation : vous êtes un esquimau. Ce n'est pas forcément le top mais la vue est belle et il neige souvent.
Vous vivez dans un igloo à côté de chez votre voisin qui lui aussi vit dans un igloo.

Un jour quelqu'un vient vous voir, vous et votre voisin, et vous dit que le premier de vous deux qui arrivera jusqu'à chez lui gagnera (qu'est-ce que vous gagnerez ? Là n'est pas la question).
Mais il existe deux problèmes qui viendront vous gêner dans votre course jusqu'à chez lui car sinon ce serait trop facile.

Premièrement, étant donné que vous vivez dans une terre où il fait froid et où il neige, vous devrez vous creuser un passage pour aller jusqu'à chez la personne dans la neige.
Vous ne pouvez pas juste avancer car la route est bouchée par la neige. Il serait dangereux de marcher dessus, il peut y avoir des crevasses cachées et on peut prendre très froid car la neige en fondant mouillera vos vêtements et vous gèlera.

Deuxièmement, toutes les nuits, à cause du froid, nos deux esquimaux sont obligés de rentrer chez eux pour s'abriter, se réchauffer et dormir.

### Reprendre sa vie en main

Pendant la nuit, la neige tombe et une partie du chemin se remplit de nouveau. Il faut donc chaque matin prendre une partie de son temps pour recreuser le chemin déjà avancé la veille.
Si le premier jour, votre voisin l'esquimau creuse un chemin de 50 mètres et qu'il prend 12 heures pour le faire, le lendemain après la chute de neige, il ne prendra que 6 heures pour recreuser cette première distance.

Venons en au fait !

Dans cette situation, on peut imaginer que la meilleure idée serait celle précédemment citée et que votre voisin applique : tous les jours creuser sans se poser de question. L'idée n'est pas mauvaise, d'autant plus que votre voisin passe à l'action alors qu'il aurait très bien pu ne rien faire.
Néanmoins, cette technique a une limite. Si on suit les règles établies, au bout d'un moment, l'esquimau ne pourra plus avancer, et ce, pour une raison très simple : il aura atteint la limite maximum de ce qu'il peut faire en une journée et le lendemain, la neige aura rebouché une partie de son chemin et le déboucher lui prendra toute une journée.
Je vous explique : si ça lui prend 6 heures pour déboucher un chemin de 50 mètres et 6 heures pour creuser de nouveau 25 mètres, on voit qu'après quelque jours, il lui sera impossible de tout déboucher en une journée (car la neige retombe uniformément sur toute la

### Reprendre sa vie en main

longueur creusée et non juste ce qu'on a creusé la veille).

Quand son chemin fera 200 mètres ou plus, il lui faudra 24 heures pour le déboucher et avancer, ce qui est impossible!! Il doit se reposer et il doit pouvoir se réchauffer, manger, etc. Il ne pourra plus avancer en respectant les règles fixées au préalable.

Voyant cela, on peut choisir une autre stratégie. Elle s'apparente un peu à la stratégie de la tortue dans la fable.

Le premier jour, au lieu de creuser un chemin de 50 mètres vous en creuserez un de 25 mètres et le reste de la journée vous le consoliderez. Vous irez chercher du bois pour le mettre sur le sol et vous fabriquerez une sorte de toit de sorte que si la neige tombe, cette dernière ne remplira pas votre chemin. Cela empêchera la neige d'emporter une partie de votre travail.

Le lendemain, pendant que votre voisin qui est en avance de 25 mètres, déblaie son chemin, vous, de votre côté, vous pourrez directement le creuser. Encore une fois vous en ferez peu mais vous protégerez ce que vous faites avec votre construction.

Quelques jours plus tard, votre voisin atteindra son seuil. Il ne pourra plus avancer comme on l'a vu plus tôt.

De votre côté, on peut voir que vous n'atteindrez pas ce seuil tout de suite (ce sera beaucoup plus tard).

Votre limite ne se définira pas par le temps que vous mettrez à déboucher votre chemin (le toit que vous avez

### Reprendre sa vie en main

construit vous en préservera) mais le temps que vous mettrez à marcher. Au bout d'un moment, la distance pour vous rendre de votre igloo au point où vous vous êtes arrêté la veille sera trop longue et vous ne pourrez plus avancer. Mais il y a fort à parier qu'à ce moment-là vous aurez atteint l'homme depuis un moment déjà.


Que retenir de cette histoire ?

Face au challenge de la personne, il y avait quatre réactions possibles.
- La première : ne pas tenter. La pire réaction possible est malheureusement celle que beaucoup ont. On peut répondre que puisqu'on ne sait pas quelle est la récompense, ça ne vaut pas le coup. Et c'est entendable, mais ce serait voir le verre à moitié vide.

Imaginons qu'à la base, ces deux esquimaux ne savent rien faire.

Le premier esquimau qui aura tenté aura certes échoué, mais il aura très sûrement pris du muscle et de la force et il aura occupé ses journées. Le deuxième esquimau aura développé moult compétences (couper du bois, faire des nœuds, créer une route, etc.) et comme le premier, il aura aussi pris du muscle (même s'il en aura sûrement moins pris car il creuse moins). S'il s'ennuyait, il aura alors occupé ses journées.

### Reprendre sa vie en main

Même si la récompense est dérisoire, le chemin leur aura appris plein de nouvelles choses, les deux esquimaux pourront en être fiers.
C'est le chemin qui est important, pas le but.
Le chemin des vacances est souvent plus sympa que les vacances en elles-mêmes car il porte en son sein des promesses (celles de passer un bon moment), des mystères (on se demande ce qu'on fera une fois sur place, on a hâte de le découvrir) et plein d'autres choses.

- La deuxième : celle à laquelle appartient votre voisin. Ce sont les fonceurs qui, quand ils ont un objectif, passent à l'action. C'est en soi une bonne chose, mais passer à l'action sans trop y réfléchir peut avoir des conséquences derrière. Dans cet exemple, c'est celle de se retrouver bloqué à cause d'un avancement trop rapide.

Ceux-là ont du mal à réussir, mais pour autant ils méritent d'être encouragés et respectés.
Leur problème est que la logistique ne suit pas, ils ont du mal à se projeter ou à tenir compte des problèmes qui peuvent leur tomber dessus.

- La troisième : on ne l'a pas observé dans notre histoire, c'est celle du penseur. Celui-ci est l'antithèse du cas précédent.

Là où votre voisin a péché par manque de raisonnement, le penseur se noie dans la sienne. Il ne prendra jamais sa pelle à la main tant qu'il ne disposera pas du meilleur plan possible à tous les égards. On peut donc conclure

### Reprendre sa vie en main

qu'il ne creusera jamais son chemin car le plan parfait n'existe malheureusement pas.
Le penseur se distingue du premier cas qu'on a vu.
Le premier cas ne fait rien car il ne veut rien faire là où le penseur ne fait rien (en apparence) car il cherche le meilleur système et c'est ce qui le pousse à l'inaction.

- La quatrième : elle est la meilleure qu'on puisse avoir à tous points de vue. Il s'agit de l'esquimau qui prend en compte les contraintes (renforcer son tunnel avec du bois), qui réfléchit à leurs conséquences sur le projet, qui accepte la part d'incertitude de son plan et qui passe à l'action pour mettre en place son système.

On ne pourra jamais tout contrôler. Par conséquent, aucun plan ne sera jamais parfait. La seule chose qu'on puisse faire c'est prendre le temps de réfléchir à notre objectif et penser à la stratégie à mettre en place pour l'atteindre.

On peut aussi voir comment renforcer notre système une fois que celui-ci est mis en place. Il existe trois types de système :

- Les systèmes fragiles : quand on les met à l'épreuve ou qu'ils subissent un imprévu, les systèmes se brisent.

### Reprendre sa vie en main

- Les systèmes résistants : à la différence des fragiles, ils vont résister. Mais s'ils en subissent trop, ils peuvent toujours se briser. Ils sont mieux que les systèmes fragiles mais ils ne sont pas encore suffisants.

- Les systèmes anti fragiles : ils seront résistants et quand ils subiront une contrainte, ils s'y adapteront pour se renforcer.

Le corps humain est l'exemple parfait du système anti fragile puisque quand on attrape une maladie, notre corps se souvient de celle-ci et quand on l'attrapera à nouveau, il sera en capacité de mieux l'appréhender et la détruire.

La plupart des vaccins fonctionnent sur ce principe : on inocule à notre corps une dose réduite d'une maladie. Dans le cas où on viendrait à l'attraper, notre corps sera en capacité de savoir comment réagir.

Dans le business aussi, les systèmes anti fragiles existent.

Je vais reprendre une anecdote qu'on m'a relatée.

Un jour, un patron qui gère des cafés rentre dans l'un de ses cafés. Il constate que l'une des ampoules est inutilisable car en fin de vie.

Ici l'ampoule est une pression sur le système, une pression certes minime, mais une pression quand même. Il aurait pu changer l'ampoule, envoyer quelqu'un le faire ou même passer outre et se dire que finalement ce n'est pas si grave.

## Reprendre sa vie en main

Il n'en fait rien ! Après avoir constaté, il va aller à son bureau et convoquer son manager.

Il va lui demander s'il existe dans le protocole qu'il a mis en place pour ses cafés une section qui dit quoi faire et à qui acheter quand une ampoule grillera.

Son manager lui répond par la négative. Le patron le charge de créer un protocole sur la procédure à suivre quand une ampoule grillera de manière à ce que la prochaine fois le changement aille plus vite et qu'on n'ait aucun besoin d'y réfléchir.

Son système a subi une pression et ça l'a renforcé car la personne derrière le système a su prendre en considération la pression et l'adapter.

L'analyse est aussi importante que l'action : les deux doivent être autant utilisés l'un que l'autre.
Réussir en travaillant comme une brute c'est bien.
Réussir en travaillant à un rythme normal mais intelligemment c'est mieux !

Nos habitudes sont des systèmes qu'on met en place. Nos objectifs sont comme le point que les deux esquimaux doivent atteindre. Pour pouvoir l'atteindre, il faut passer à l'action au quotidien, mais il faut aussi chercher le meilleur moyen de passer à l'action.
Si on ne le trouve pas, il faut chercher le moyen qui présente le moins de désavantages pour nous. Si nos habitudes sont mises à rude épreuve, alors il faut

## Reprendre sa vie en main

chercher un moyen de les renforcer et de tirer de toute expérience négative un maximum de positif.

# 5) L'INTÉRÊT D'UNE ROUTINE MATINALE.

**Reprendre sa vie en main**

### Reprendre sa vie en main

La routine matinale désigne l'ensemble d'actions faites le matin afin de nous faire démarrer la journée dans les meilleures conditions possibles.

Par exemple, vous regardez un film. On est d'accord pour dire que les 5 premières minutes déterminent votre intérêt pour celui-ci ?
Si le film, quand il commence, est inintéressant et décousu, on ne rentrera pas dedans et on passera le reste du film à s'ennuyer.

Une journée peut s'apparenter à un film. Le matin peut se rapprocher du début du film et le soir de la fin du film.

Je trouve l'exemple assez parlant sinon on pourrait faire plein d'autres parallèles comme le début d'une course ou la préparation d'une aventure ou d'une mission.

Un mauvais début de course fait que la personne aura peu de chance de la gagner tout comme une mauvaise préparation de mission fait que la personne aura des difficultés en cours de route.
On voit bien dans ces cas de figures que le départ ou la préparation au départ est souvent la clé de la réussite : soit cela permet de minimiser les soucis (avec une bonne préparation dans le cas de la mission) soit cela permet de nous donner une avance confortable et utile face à nos concurrents (dans le cadre de la course)

## Reprendre sa vie en main

Il est primordial de bien démarrer sa journée si on veut atteindre ses objectifs ou se construire une vie dont on est fier.

Si on commence sa journée sans savoir ce qu'on fera ou qu'on commence la journée à midi, on sait très bien que la journée ne sera pas productive.

L'intérêt d'une routine matinale est de se réveiller, de se mettre dans de bonnes conditions pour travailler, de maintenir son niveau d'énergie ou de l'augmenter.

De plus, une routine matinale sert à garder son énergie mentale à son maximum.

Comme je l'ai déjà dit, chacune de nos décisions nous prend une part d'énergie mentale. Quand on démarre notre journée avec une routine matinale, on a un nombre limité de décisions à prendre.
Les bonnes habitudes matinales sont devenues des automatismes et cela nous permet d'allouer notre énergie mentale à d'autres tâches plus importantes comme l'écriture ou l'apprentissage.

L'intérêt de la routine matinale réside là-dedans, car elle permet de démarrer la journée avec toutes les cartes en main, tout en conservant au maximum notre énergie, qu'elle soit décisionnelle ou physique.

### Reprendre sa vie en main

On le voit très souvent : généralement, quand on se lève à midi, on sait d'ores et déjà que la journée sera très mauvaise et peu productive. Il est donc important de mettre toutes les chances de son côté.

Chacun aura une routine différente de son voisin ; c'est pourquoi il est important de créer sa propre routine qui correspondra à ses besoins.
La personne qui arrive à se lever sans problèmes le matin, bien réveillée mentalement, pourra ajouter plus de choses dans sa routine matinale. À l'inverse, une personne qui émerge difficilement, devra d'abord se réveiller mentalement par la pratique d'une activité mentale et allégera du coup sa routine matinale.

Enfin, il est important de la définir à l'avance et de s'y tenir pour savoir ce qu'on attend de notre routine. En fonction des attentes qu'on a ou de notre quotidien qui change, elle sera amenée à bouger.
Par exemple, si on est en voyage dans un camping et qu'on ne dispose pas de wifi, les étapes de notre routine qui pourrait demander du wifi seront donc infaisables.

Que faire si notre quotidien change ?

J'évoque le sujet puisque récemment j'ai été confronté à la situation. J'ai commencé à aller à la faculté. Par conséquent, je dois prendre le train et donc me lever plus tôt.

### Reprendre sa vie en main

Toujours dans la logique de contrôler la situation et de ne pas la subir, j'ai pris la décision de me lever plus tôt même si cela doit raccourcir mes soirées.
Au lieu de me lever à 6 h 15 et de me préparer pour partir à 6 h 45, je me lève désormais à 5 h tous les matins.
Ça me permet de pouvoir faire ma routine matinale et de travailler avant d'aller en cours.
Et comme je rentre à 18 h voire 19 h, j'ai dû trouver de nouveaux créneaux horaires, sinon j'allais me retrouver dans une situation ou le matin je ne peux plus avancer sur mes projets, et le soir la fatigue et la relecture de mes cours m'empêcherait de travailler.

J'évoque le sujet maintenant mais j'en reparlerai beaucoup plus tard dans le livre parce que quand j'ai pris la décision de changer de rituel du matin, j'ai aussi dû changer mon rituel du soir.
Je me suis couché tôt et j'ai mis en place des actions qui me permettent de gagner du temps lors de mon rituel du matin. Le soir, j'ai donc commencé à préparer mes affaires pour ne plus avoir à le faire le matin, etc.
Il faut au maximum chercher à contrôler la situation tout en s'adaptant au changement.
Il faut aussi savoir peser le pour et le contre de chacune de nos actions. Le changement d'horaire de réveil a entraîné beaucoup d'autres changements mais si ces changements avaient apporté trop de choses négatives, alors je n'aurais sans doute rien changé.

# 6) QUE FAIRE DURANT SA ROUTINE MATINALE

**Reprendre sa vie en main**

### Reprendre sa vie en main

Comme dit précédemment la routine matinale sert à s'énergiser et à bien démarrer sa journée.

On peut faire du sport, lire, méditer, faire son lit ou plein d'autres choses.
Chacun aura une routine différente, le but étant de trouver celle qui nous convient et qui nous sera utile (moi, par exemple, le matin, je me lève à une heure prédéfinie la veille).

Pour ce qui est de l'heure du réveil, chacun choisit ce qui lui convient le mieux. Soit on se lève extrêmement tôt (4 h 30/5 h pour travailler) et on pourra se permettre de ne pas travailler l'après-midi.

On considère qu'il faut travailler 5 heures par jour sur toute la semaine, donc on se lève à 5 h si on commence sa journée à 8 h ou 9 h. De fait, on aura déjà effectué les trois quarts de sa journée de travail avant d'aller à son travail. Et si on est à son compte, travailler tôt le matin permet de pouvoir vaquer à ses loisirs l'après-midi.

Prenons un exemple : travailler le matin à partir de 5 h, c'est pouvoir obtenir 3 à 4 heures de tranquillité si on ne vit pas seul. La tranquillité permet de se concentrer au maximum sans aucun bruit parasite, sans bruits extérieurs, sans demande de services de nos proches, sans notifications sur son téléphone, etc.

### Reprendre sa vie en main

Se lever tôt, c'est l'assurance d'avoir quelques heures de concentration extrême qui nous permettront d'avancer un maximum dans nos projets.

Puis, à partir de 8 h ou 9 h, si on veut continuer de travailler jusqu'à midi on aura fait en une matinée 7 heures de travail (c'est gigantesque). Par conséquent, après avoir mangé, on pourra se divertir et l'après-midi est souvent le moment le plus agréable de la journée pour se détendre.

Le temps est plus beau que le matin, les commerces sont tous ouverts, la plupart des gens sont disposés à sortir(surtout le week-end)...

Sinon, si travailler l'après-midi ne nous gêne pas, on peut prévoir une heure pour sa routine du matin et se lever 1 h 30 avant d'aller au travail. Et si l'on n'a pas de travail, on peut du coup se fixer les horaires que l'on souhaite.
Comme pour la plupart des conseils donnés, chacun fait comme il préfère en fonction de ses goûts et de son quotidien.


Dans mon cas, dès que je me réveille, j'ouvre mon volet pour aérer ma chambre pour toujours avoir de l'air pur dans ma chambre.
Ensuite je vais aller boire de l'eau pour réhydrater mon corps. L'eau met en marche les actions physiologiques du corps et permet également d'activer la faim le matin.

### Reprendre sa vie en main

Ça tombe bien puisque je vais manger un peu : céréales, tartines, fruits, yaourts, smoothies, tout dépend de l'humeur.

Étape suivante, je vais faire mon sport.
Faire du sport le matin permet de me réveiller totalement, d'avoir une activité physique au quotidien (si je n'ai pas le temps de faire une activité physique en journée, j'aurai au moins fait du sport le matin). Je suis sûr que quoi qu'il arrive dans ma journée, j'aurai fait du sport et j'éviterai les risques liés à la sédentarité.
Cette séance matinale ne doit être ni trop longue ni trop courte. 10 à 15 minutes suffisent.

Si on n'a qu'une heure le matin pour se préparer et faire la routine matinale, alors il ne faudra pas faire de séance trop longue.
Mais si on est en week-end, il peut être bien de prolonger la séance de plusieurs minutes, la faisant passer de 10 à 20 minutes par exemple.

Cette séance de sport doit être adaptée à ce qu'on aime faire : certains feront 10 minutes de course pour s'aérer avant le travail, d'autres comme moi feront des exercices de musculation au poids du corps et d'autres encore feront du yoga ou des étirements. L'important est avant tout de faire travailler son corps, de sortir détendu avant une journée de travail.

### Reprendre sa vie en main

Donc chacun doit trouver ce qui lui plaît parce que s'imposer au cours de sa routine matinale des exercices et des actions qu'on n'aime pas est le meilleur moyen pour ne pas réussir à se lever le matin et pour arrêter la routine matinale. Ce serait contre productif et absolument pas le but recherché.

Pour ma part, je fais 10 minutes de sport durant lesquelles je fais 20 tractions, 20 pompes, 20 squats 20 dips 2 minutes de gainages et 20 portefeuilles.

De fait, je me muscle le haut du corps avec les pompes et les tractions (respectivement pectoraux et dos) puis je muscle le bas du corps avec les portefeuilles qui travaillent les abdominaux et les squats qui travaillent les jambes ainsi que les autres exercices qui travaillent des muscles moins importants.

Et si je suis en week-end ou que j'ai du temps pour bien me préparer, je monte à 50 répétitions pour chaque exercice.

Ensuite après avoir réveillé mon corps avec le sport, je réveille mon esprit en faisant une ou deux parties d'échec qui dure en moyenne 10 minutes. Certains feront des sudokus, de la lecture, des jeux de réflexion ou de la relecture de cours importants.

### Reprendre sa vie en main

Enfin, une fois que je suis pleinement réveillé, je pars me doucher. Une fois lavé, je vais nettoyer ma chambre et mon bureau afin d'être dans un environnement sain et clair. Puis je passe le balai dans toute la maison.

Donc pour résumer, en 30 minutes en moyenne le matin, j'ai le temps de faire du sport, de ranger mon espace de vie et de travailler mon esprit.

C'est plus que la moyenne de ce que font les gens le matin et on est sûr d'avoir des résultats en faisant cette routine matinale.

**Reprendre sa vie en main**

## 7) LES ERREURS À ÉVITER.

**Reprendre sa vie en main**

### Reprendre sa vie en main

Durant le rituel du matin, de nombreuses erreurs sont à éviter pour ne pas perdre son temps ou mal le faire.

Tout d'abord, par pur esprit logique, mieux vaut éviter au maximum d'utiliser son téléphone portable au réveil et pendant la durée de la routine.

Je pose un gros bémol pour les réseaux sociaux car au réveil, 10 minutes de scroll pour "check rapide" peuvent se transformer en 30 minutes totalement improductives.
Encore une fois, il n'y a aucun jugement de ma part, j'en fais un simple constat, ayant moi-même traversé ces phases de réseaux sociaux omniprésents.

Je pense que les gens qui veulent mettre en place les stratégies décrites dans ce livre sont à la recherche de l'efficacité.
Pour ceux qui ne veulent pas être efficaces dans leur journée ou qui sont satisfaits de leur situation, l'idée même d'être improductif au réveil n'est pas un souci.
Mais pour ceux à la recherche de l'efficience, mieux vaut éviter un maximum les écrans car ces derniers nous poussent à la stagnation et à la flemme.

Le rituel du matin doit être court et remplir efficacement nos objectifs : se lever, se laver, se réveiller physiquement et mentalement. Intercaler entre deux actions 10 ou 20 minutes d'écran va briser le but qu'on s'était fixé en ce qui concerne la rapidité. Il est donc

**Reprendre sa vie en main**

nécessaire de ne pas aller sur les réseaux sociaux le matin.
Ensuite on va aborder le problème des informations.
Pour ma part, cela va faire trois ans que je n'ai pas allumé la télé de moi-même en tout cas et plusieurs mois que je ne regarde plus les informations que ce soit sur la télé ou les réseaux sociaux.

Pourtant, au cours de ces derniers mois, j'ai été au courant d'une manière ou d'une autre des nouvelles actualités. Mais je me suis épargné le choc de recevoir cette manne d'informations d'un coup car un autre les a reçues à ma place.

L'être humain n'est pas fait pour subir autant de mauvaises nouvelles au quotidien. Si on regarde objectivement, en quoi la guerre qui se déroule entre l'Arménie et l'Azerbaïdjan va changer mon quotidien ?
C'est triste et affreux ce qui se passe là-bas, on en conviendra, mais comme je ne peux pas intervenir pour résoudre le problème et que celui-ci ne me concerne pas, alors peut-être vaut-il mieux ne pas le savoir et s'épargner le stress lié à cette nouvelle...

Pourtant, au quotidien, on est abreuvé d'informations négatives sur lesquelles on ne peut pas agir, qui ne nous concernent pas mais qui inconsciemment nous rongent de l'intérieur.
Cela nous prend de la force mentale, du courage et nous stresse.

### Reprendre sa vie en main

Donc peut-être est-il préférable d'arrêter de s'informer et laisser les gens nous donner ces informations au compte goutte plutôt que de les ingurgiter tous les jours.

Pour en revenir à la routine du matin, commencer la journée en sachant qu'une guerre a éclaté, ou que telle personne s'est faite assassiner, nous fait démarrer notre journée sur une base très malsaine, ce qui ne nous aide pas.

Le mieux est donc d'éviter de regarder les informations trop souvent, voire de ne plus les regarder tout court.
Je ne dis pas que c'est une mauvaise habitude mais il est important de tenir sa routine quoi qu'il arrive.
Une habitude est compliquée à maintenir mais elle est encore plus dure à démarrer.
Si ce n'était pas le cas, nous aurions tous des physiques d'athlète et serions couverts d'argent ou de réussite.

Quand on abandonne une habitude, on a beaucoup de mal à s'y remettre. On trouvera à chaque fois une bonne raison de ne pas s'y remettre et quand enfin on s'y remettra il sera encore plus dur de la continuer.

En bref, pour commencer sa journée, mieux vaut éviter d'aller sur les réseaux sociaux qui sont chronophages et destructeurs en termes d'estime de soi. Vous conviendrez que ce n'est pas le mieux pour commencer une journée.

### Reprendre sa vie en main

Il serait bon de repenser son rapport à l'information et à la façon dont on la consomme. Si quelque chose d'important se passe, vous le saurez forcément.

En évitant ces distractions, vous serez sûrs de faire votre routine matinale de la meilleure des manières.

# 8) PETIT POINT RAPIDE SUR L'APRÈS ROUTINE DU MATIN : TRAVAIL, COURS OU DEEP WORK

**Reprendre sa vie en main**

### Reprendre sa vie en main

Une fois la routine du matin faite, on a deux cas de figure.

Soit la personne n'est pas à son compte. Donc elle doit partir au travail. Par conséquent, la routine du matin sert à l'avancée dans ses projets en dehors du travail, s'il veut, par exemple, se mettre à son compte.
Imaginons qu'il veuille se lancer dans la vente d'infoproduit, le travail de l'après routine matinal sera, par exemple, de créer du contenu ou de publier des articles pour que son site dispose d'un meilleur référencement.
Ce cas de figure là est transitoire si la personne cherche à se mettre à son compte.
À un moment ou à un autre, les revenus générés par le travail qu'il fait avant d'aller à son travail compenseront la perte générée par la démission de la personne.

Ou alors c'est un travail sur le long terme une personne peut très bien être heureuse en étant salariée, mais quand même vouloir du temps pour avancer sur d'autres projets par exemple apprendre une langue.
C'est mon cas. Je suis encore à la faculté et plusieurs années d'études supérieures m'attendent.
Donc, une fois mon rituel du matin fait, j'ai encore plusieurs minutes pour me former ou travailler sur mes e-books ou mes produits car je compte me mettre à mon compte. Je préfère le risque de l'échec associé à la liberté, plutôt que la sûreté d'un emploi associé à un enlèvement de mon temps (quand un salarié travaille, son temps appartient à son patron et non à lui).

### Reprendre sa vie en main

Là où généralement une personne qui n'a pas de routine matinale aura juste le temps de se préparer et d'aller au travail, je suis donc assuré au quotidien d'avancer dans mes objectifs.

Et grâce au rangement que je fais le matin, je sais, qu'après mes cours, je n'aurai pas de difficulté à me mettre au travail contrairement à une personne lambda qui en rentrant du travail sera trop fatiguée et aura trop de friction au démarrage pour travailler.

Après sa routine matinal ou même pendant, c'est selon le point de vue, il est donc bien d'intégrer du travail pour avancer sur ses projets et ses objectifs avant de partir à ses activités professionnelles.

Bien entendu, le travail s'adapte en fonction du temps dont on dispose avant de partir et il peut vous faire avancer directement ou indirectement.

Après ma routine du matin, souvent je fais une séance de 3 leçons sur Duolingo ce qui me permet de travailler mon anglais.

En dix minutes, je n'aurais pas eu le temps de répondre à des emails, de suivre une formation ou de rédiger beaucoup de contenu.

Donc j'ai choisi de m'avancer le matin de façon indirecte sur mon projet en travaillant les langues étrangères qui me seront vitales dans mon projet d'expatriation.

De fait, pour les étudiants ou les salariés qui ne disposent pas d'énormément de temps, il faut chercher à l'optimiser et à avoir une cohérence vis-à- vis de ce qu'on fait après la routine matinale.

### Reprendre sa vie en main

Pour ceux qui vivent de leur travail et à qui leurs journées appartiennent pleinement, l'après routine matinale correspondra à une ou plusieurs séances de travail où il faudra être le plus concentré possible.
Il est important pour eux d'attaquer la journée avec leurs tâches qui auront le plus de valeur ajoutée. De sorte que, si un imprévu arrive, ils auront alors déjà fait une grosse part de leur journée.
Même lorsque notre temps nous appartient, il est préférable de cadrer ses journées comme on l'a vu plus tôt pour savoir ce qu'on doit faire et où l'on va.

Se pose maintenant la question du deep work : Cal Newport a créé ce concept et l'a partagé dans son livre.

Il postule que l'attention est une ressource qui se raréfie année après année. Aujourd'hui, les gens ont en moyenne plus ou moins le temps d'attention d'un poisson rouge (donc 6 secondes).
C'est en partie pour cette raison qu'il est de plus en plus difficile de suivre des cours à l'école car l'attention décroît de plus en plus.

Le principe du deep work est de travailler avec un niveau de concentration et d'attention extrême afin d'être le plus productif possible.
"Deep work" veut d'ailleurs dire en français "travail profond".

### Reprendre sa vie en main

Notez qu'il est possible d'en faire un avant de partir au travail. La différence réside dans le nombre de deep work faits en une journée : le salarié qui veut se mettre à son compte pourra en faire un voire deux avant et après son travail alors que la personne à son compte pourra en faire à répétition jusqu'à la fin de sa journée de travail.

Revenons-en à comment faire un deep work.

Le deep work est donc un travail qu'on réalise dans la plus grande des concentrations. Par conséquent, au moment de le faire, il faut être isolé.
Ensuite le deep work doit être cadré dans le temps, par exemple ça peut être une séance de travail d'une à deux heures.
À la fin de cette séance, certains notent là où ils se sont arrêtés et les idées qu'ils ont eu sur la fin de leur séance de travail pour ne qu'elles ne leur restent pas en tête toute la journée et ceci toujours dans l'optique d'avoir les idées les plus claires possible à tout moment de la journée.

Pour se reposer entre deux deepwork, il existe énormément d'exercices.
Le mieux entre deux séances est de ne pas aller sur YouTube ou internet pour ne pas se laisser dévier (la pause de 10 minutes qui se transforme en pause de 5 heures on la connaît tous…)

**Reprendre sa vie en main**

Au cours d'un deepwork il faut se concentrer sur une seule activité et la travailler le plus possible.
Par exemple si on est youtubeur, on peut faire 6 deepwork dans une journée :
- Le premier pour trouver l'idée de la vidéo et commencer à noter les idées,
- Le second où on écrit le script sans penser aux autres étapes,
- La troisième où on relit le script,
- La quatrième où on tourne la vidéo,
- La cinquième où on crée la miniature,
- La dernière où on fait le montage.

Il vaut mieux séparer les étapes pour ne pas se retrouver noyé sous la charge de travail ou pour ne pas s'éparpiller dans tous les domaines.

Petit point rapide sur le principe de Pareto. Ce principe est assez compliqué à expliquer ; pour autant, il peut être utile dans notre vie de tous les jours. Il peut s'appliquer à nos relations, à nos business à nos objectifs et à énormément d'autres domaines.
Le postulat de départ est assez simple.
20% de nos actions comptent pour 80% du résultat et 80% de nos actions comptent pour 20% de nos résultats.
De même dans nos relations humaines, 20% de nos proches nous apporteront 80% de bonheur et les 80% restants nous donneront 20% de bonheur.
Autre cas : dans une langue, 20% des mots sont utilisés 80% du temps et les 80% de mots restants s'utilisent seulement les 20% du temps restant. Si on prend un

### Reprendre sa vie en main

exemple, songez au nombre de fois où vous dîtes "bonjour" dans une journée et au nombre de fois où vous dîtes que quelque chose vous "sied à ravir" dans une journée.

Il en va de même pour toutes les langues, il y aura toujours un corpus de mots qui sera bien plus utilisé que l'autre.

On voit bien que ce principe est capital, car une fois qu'on identifie les individus ou nos actions qui sont optimaux (les 20%), on n'a plus qu'à travailler au maximum dessus pour avoir énormément de résultats.

Pour les 80% d'actions qui restent, on peut soit déléguer, soit les déclasser dans nos priorités et les faire plus tard.

Le principe de Pareto peut être vraiment utile pour avancer rapidement dans nos projets et avoir de bons résultats.

Pour prendre un exemple, je souhaite générer un revenu avec mes e-books. Les actions qui rapportent beaucoup de résultats seront d'écrire les e-books et de générer du trafic, à l'inverse la ou les actions qui m'apporteraient peu de résultats seraient d'ajouter des raccourcis à mon clavier pour taper légèrement plus vite et ouvrir plus vite mes dossiers. C'est utile, mais si je ne dois faire qu'une seule chose dans ma journée, ce ne sera certainement pas cette action.

# 9) L'INTÉRÊT D'AVOIR UNE MAISON PROPRE, PETIT POINT SUR LE MINIMALISME

**Reprendre sa vie en main**

### Reprendre sa vie en main

Comme on l'a vu précédemment, l'idée derrière le fait d'avoir une maison propre reste toujours la même.
La préservation de notre temps de concentration est un gain de temps au quotidien.

Pour la préservation de notre temps de concentration, on revient sur le principe de notre capacité à nous concentrer.
Si, au quotidien, au moment de se mettre à travailler, on pense, en plus du travail, au fait de devoir ranger telle ou telle pièce, on voit bien qu'il sera plus difficile de rester concentrer et d'être pleinement sur notre travail si on réfléchit au rangement.

Il vaut donc mieux se mettre au travail dans un environnement propre pour ne pas avoir à y penser.
Par ailleurs, le fait d'avoir une maison propre nous permet de retrouver facilement nos outils de travail et donc par extension d'idées, de réduire la friction au démarrage. Il sera donc bien plus facile de travailler sur nos projets.
Enfin, le fait de vivre dans un environnement propre est motivant.
Cette idée de rangement ne s'applique pas qu'à notre maison mais aussi à nos outils de travail ou à notre smartphone.
Si, quand on veut ouvrir une application ou un fichier, on doit chercher après pendant 5 minutes, il y a vraiment peu de chances pour qu'on le fasse.

### Reprendre sa vie en main

L'une des premières étapes d'une reprise en main complète doit donc être le fait de ranger sa maison afin d'avoir un environnement sain et motivant où il y a peu d'étapes pour démarrer un projet.

Si on veut se remettre au sport, mais que notre maison est désorganisée, alors ce sera compliqué de retrouver ses accessoires de sport et ses haltères. Une fois la motivation des débuts envolée, il y a de fortes chances pour que la personne s'arrête.

De même, si au moment de se mettre au travail, on se rend compte que notre bureau est poussiéreux ou mal rangé, on se trouvera mille excuses pour ne pas le ranger.

Ou si on travaille, la poussière nous rendra la tâche fastidieuse, elle salira nos vêtements, fera qu'on respirera moins bien, etc. Et si on nettoie le bureau, alors on considérera qu'on a sûrement déjà assez travaillé pour cette journée et on n'en fera pas plus.

De plus, le fait de ranger intégralement sa maison demande au départ un investissement en temps conséquent (une à deux journées), mais une fois la tâche accomplie, cela ne nécessitera plus que quelque minutes par jour.

Il y a encore mieux ! Une fois qu'on passe à la seconde étape, à savoir l'entretien, comme cette tâche est

## Reprendre sa vie en main

répétitive, on peut laisser son esprit réfléchir à autre chose et on peut avoir nos idées de cette manière.

Pour toutes ces raisons, il est donc primordial d'avoir un lieu de vie et un lieu de travail qui soit propre et entretenu. Ces dernières années, un phénomène s'est développé sur le rangement et la possession : le minimalisme.

Le minimalisme est un courant de pensée et une philosophie de vie qui s'est développée en parallèle de la société de consommation.
Un minimaliste va chercher à consommer moins mais mieux, à faire moins mais de manière plus efficace, à privilégier la qualité à la quantité.

Souvent, quand on pense au minimalisme, on a cette idée de la personne qui met tous les jours le même type de t-shirt (le concept doit commencer à vous être familier et ne pas à avoir à choisir ses habits nous permet de réfléchir à des choses plus importantes.)
Les minimalistes essaient d'avoir conscience de leur consommation et de leur rapport aux objets.

Le minimalisme permet d'augmenter son niveau d'énergie : on peut être plus heureux avec moins et ce concept ne s'applique pas qu'aux pauvres en réponse à une frustration. Aujourd'hui, de nombreux entrepreneurs(ses) et d'hommes/femmes riches le font eux aussi.

### Reprendre sa vie en main

S'intéresser au minimalisme et commencer à pratiquer cette philosophie de vie peut permettre d'avoir un espace de vie plus sain. Le minimalisme peut nous aider énormément quand on parle du fait de ranger sa maison et ses pièces de travail.

Beaucoup d'objets présents chez nous ne servent pas. Ces derniers prennent la poussière et de la place au quotidien.
En plus, voir ses objets se dégrader ou ne pas être rangés nous pèse.
Le minimalisme peut du coup avoir deux approches : d'une part une approche utilitariste et d'autre part une approche sentimentale. Si un objet ne remplit pas l'un de ces deux critères, alors il ne nous sert pas et il vaut mieux le donner, le revendre ou le jeter.

Une paire de ciseaux, par exemple, a un aspect utilitaire. Peu importe qui vous êtes, vous aurez besoin au moins une fois par mois d'utiliser une paire de ciseaux.
Un album de photos de famille, lui, a un aspect sentimental. Quand on le regarde, il nous donne de la joie.
Si un objet n'est ni utile et qu'il ne nous donne pas de joie, alors il nous encombre juste.

Le minimalisme peut s'appliquer à plein d'aspects de la vie : le voyage, le rangement de notre maison, nos achats, notre vie numérique, etc.

### Reprendre sa vie en main

Un minimaliste, puisqu'il a peu de possession, peut voyager facilement et partout.

Pour certains, leur vie et leurs possessions tiennent dans un sac. Il est néanmoins bon de rappeler que le minimalisme n'est pas un concours de celui qui possède le moins, c'est avant tout une philosophie de vie.

Pour ma part je me considère comme minimaliste tout en ayant une chambre avec beaucoup de choses. Mais chacune de ces choses me sert au quotidien que ce soit mes livres, mon pc, mes appareils de musculation, etc.

Au niveau financier, un minimaliste va chercher à consommer moins mais mieux et par conséquent il peut réaliser beaucoup d'économies. Il a une approche rationnelle de la consommation.

Par exemple, beaucoup tiennent un carnet dans lequel ils notent ce qu'ils désirent acheter à un instant T. Si après quelque temps, ils désirent toujours acheter cet objet, c'est que celui-ci répond à un réel besoin et que ce n'est pas un "achat caprice".

À noter : l'argent économisé via ce mode de vie peut permettre une épargne pour un investissement conséquent, ce qui s'apparente à un cercle vertueux.

Enfin avant de passer à l'aspect qui nous intéresse dans ce chapitre, à savoir le rangement, voyons ce qu'est le minimalisme digital.

## Reprendre sa vie en main

Le minimalisme digital se base sur les mêmes idées que le minimalisme du quotidien, à savoir utiliser moins mais mieux en simplifiant sa vie digitale. Il est donc conseillé de ranger et trier ses applications afin de nettoyer sa vie digitale des choses inutiles qui ne nous apportent rien.
Sur nos téléphones on a énormément d'applications qui prennent de la mémoire et qui ne nous servent pas.

Finalement, ces applications ralentissent juste votre téléphone et vous par la même occasion.
Avant de l'appliquer, il m'arrivait de passer 5 minutes à chercher une application précise.
Comme je ne m'en servais que peu, je ne retenais pas où elle était rangée, je devais donc vérifier tous les dossiers et toutes les pages.

Ce minimalisme nous aide aussi à ralentir les réseaux sociaux ou les autres mauvaises habitudes que l'on peut avoir sur notre smartphone.
Les algorithmes des réseaux sociaux fonctionnent de façon à toujours nous mettre sous le nez la bonne notification au bon moment pour qu'on aille sur leurs plateformes.

Il est donc conseillé, pour être moins stressé et surtout pour être plus concentré, de désactiver les notifications des applications et des réseaux non essentiels.

### Reprendre sa vie en main

Même sans être minimaliste, désactiver les notifications est vraiment conseillé en pleine session de travail. On ne peut pas se permettre d'être déconcentré par un bruit, d'autant plus s'il est inutile.

Il en va de même pour les photos que nous possédons en double voire en triple, ou pour nos favoris sur les sites internet qui nous font perdre quelque minutes par semaine (encore une fois, c'est un effet cumulé de quelques minutes par semaine qui représentent plusieurs heures par an et donc plusieurs jours sur toute une vie).

Avoir un environnement digital minimaliste permet d'avoir un rapport au digital plus sain, moins chronophage et de meilleure qualité.

Passons enfin au rangement : le minimalisme permet de désencombrer rapidement une maison. Il sera alors bien plus facile de la ranger.
De plus, une fois la maison rangée, la philosophie minimaliste permet de ne pas la re-remplir aussitôt et de faire des montagnes russes avec le nombre de nos possessions.
On peut donc ranger notre maison et la maintenir en état sur le long terme avec un minimum d'investissement de notre part.

Notre lieu de travail peut aussi être aidé par le minimalisme, car en ne gardant que l'essentiel, on peut avoir tout ce dont on a besoin à portée de main. La

## Reprendre sa vie en main

friction au démarrage est donc réduite pour énormément de choses.

Pour conclure ce chapitre, nous avons pu voir que pour beaucoup de raisons, il est important d'avoir un environnement de vie et de travail qui soit rangé et ordonné.
Cela nous permet de nous mettre efficacement au travail en réduisant la friction du démarrage qui pourrait nous démoraliser dans un environnement surchargé.

Et cela nous permet aussi de conserver un maximum d'énergie mentale pour les actions qui ont de l'intérêt pour nous, par exemple : l'avancement dans un processus créatif, une session de révision pour un examen ou la mise en place d'une ligne de conduite d'objectifs pour l'année qui demande de pouvoir se projeter et donc d'avoir des ressources d'imagination.

Le minimalisme peut être une réponse à cette problématique du rangement.
Celui-ci nous permet de revoir notre rapport aux objets et à la consommation.

D'autres solutions peuvent, elles aussi, être envisagées, sachant qu'un environnement propre doit être l'objectif numéro un d'une reprise en main et conditionnera la réussite de tous les autres objectifs.

# 10) EN CAS D'IMPRÉVUS, LES RÈGLES DES DEUX JOURS ET DES TROIS ACTIONS.

**Reprendre sa vie en main**

### Reprendre sa vie en main

Il est bien de mettre en place des routines ; néanmoins parfois cela ne suffit pas, soit parce que les événements nous empêchent de les faire (maladie, accident, changement brusque d'emploi du temps), soit notre quotidien change et donc par conséquent on ne peut plus les faire.

Dans le cas d'un événement imprévu qui nous empêcherait d'effectuer partiellement notre journée, il reste important de garder nos routines du matin et du soir.
Il est difficile de mettre en place une habitude, mais il est malheureusement extrêmement simple de l'arrêter.
Pour cela, il suffit de ne pas les faire une journée, puis le lendemain de se dire que finalement il ne s'est rien passé la veille quand on n'a rien fait. Deux semaines plus tard, on n'aura toujours pas repris et on se trouvera encore plus d'excellentes raisons de ne pas les faire.

Il faut donc essayer au maximum de ne pas briser ses habitudes et si jamais on lâche une journée, il faut à tout prix les reprendre le lendemain quoi qu'il arrive.

En cas d'imprévus sur une journée, il faut donc tâcher de maintenir nos routines. Le mieux est alors d'annuler une partie ou toutes les actions qu'on avait prévues.
Prendre une journée de retard sur un de nos projets n'est pas tellement grave, ce qui compte c'est de rattraper à un moment ou à un autre le travail. Il faut toujours essayer d'en faire le maximum.

### Reprendre sa vie en main

Mais parfois il faut savoir relâcher la pression. Le stress et le surmenage nous empêchent de travailler.
Il faut faire un calcul rationnel du niveau de progression que l'on peut atteindre sur une journée avec la pression et le niveau de progression que l'on peut atteindre si on ne fait rien sur une journée et qu'on travaille le lendemain.

Si on progresse un peu sur une journée où nous sommes stressés, mais que le lendemain, nous ne faisons rien à cause du surmenage, il vaut mieux alors ne pas avancer sur une journée mais avancer beaucoup le lendemain une fois qu'on est reposé.

En cas d'une journée avec un imprévu, il faut donc maintenir nos routines. Et si on annule notre travail, il ne faut pas culpabiliser et essayer au maximum de se reposer.
Si l'imprévu ne prend que peu de temps, on peut alors enlever notre charge de travail sur le créneau horaire où se situe l'imprévu puis faire le travail prévu pour le reste de la journée.

Maintenant passons à la règle des deux jours et des trois actions.

Pour ce qui est des deux jours j'en ai déjà brièvement parlé dans le début du chapitre.

## Reprendre sa vie en main

Pour rappel, une habitude est difficile à mettre en place mais facile à abandonner.

Par conséquent, il faut à tout prix maintenir tous les jours nos habitudes et si, pour une raison majeure, on ne peut pas les faire sur une journée, il faut impérativement les faire le lendemain quoi qu'il arrive.

Pour prendre un exemple, l'an dernier j'ai essayé d'apprendre le russe sur mon temps libre.
Tous les soirs, j'y passais trente minutes en moyenne. Un jour, je n'ai pas pu le faire. Le lendemain, je ne l'ai pas fait non plus, le surlendemain idem. Un mois plus tard, déçu de moi-même, j'ai décidé de m'y remettre. Mais comme j'avais abandonné une fois, j'ai eu beaucoup de mal à m'y remettre et aujourd'hui, voilà six mois que je n'ai pas ouvert les livres d'apprentissage de russe et chaque fois que je les vois, je me sens mal.

Le fait d'arrêter deux jours une habitude dit à notre cerveau que finalement ce n'est pas si important. Le troisième jour, on n'aura plus aucune envie de travailler dessus.
Les habitudes doivent être maintenues coûte que coûte, surtout si on les juge comme étant importantes.

Arrêter une habitude qu'on ne juge plus importante ou utile pour un instant donné n'est pas grave. Nos journées sont suffisamment courtes sans se charger inutilement.

## Reprendre sa vie en main

Mais si une habitude avance un de nos projets et qu'on a un imprévu sur une journée, il faut surtout préserver au maximum ces habitudes.

Prenons une métaphore pour l'expliquer. Il faut voir notre quotidien comme une bouteille d'eau.
Cette bouteille est percée et l'eau à l'intérieur représente votre motivation et votre travail.

Tous les jours la bouteille se vide un peu à cause d'imprévus, d'un manque d'envie, ou que sais-je encore... Mais le travail et nos habitudes viennent la remplir à nouveau.
Mais si on cesse notre routine, la bouteille se vide petit à petit et quand on voudra la remplir, ça nous prendra bien plus de temps. Il faudra laisser l'eau couler plus longtemps et ça demandera plus d'efforts. Et plus la bouteille se vide, plus elle sera longue et difficile à remplir de nouveau et moins on aura envie de la remplir car on sera moins motivé à l'idée de fournir un effort.

Je me répète beaucoup mais c'est vraiment extrêmement important si on vise la réussite : nos habitudes seront vraiment vitales.

Pour ce qui est de la règle des trois actions, c'est extrêmement simple : si au cours d'une journée, on ne dispose pas d'assez de temps pour travailler sur tout ce qu'on voudrait, il faut prendre quelques instants de réflexion et se poser la question :

### Reprendre sa vie en main

"Si je ne peux faire que trois choses aujourd'hui, quelles sont les actions qui feront avancer mon projet ?"

Une fois qu'on a trouvé ces trois actions alors il faut prendre le temps de les faire pour avancer dans nos projets et après partir faire la chose qui nous bloque. Il est important d'avancer même un petit peu sur nos objectifs tous les jours et il est tout aussi important de se demander quelles sont les actions qui nous avanceraient le plus. Cela nous permettra de limiter les dégâts que pourraient causer un imprévu.

**Reprendre sa vie en main**

# 11) LE REPAS DU MIDI OU QUE PEUT-ON FAIRE PENDANT LA DIGESTION

**Reprendre sa vie en main**

## Reprendre sa vie en main

Après s'être levé et avoir fait sa routine matinale, après avoir avancé sur ses projets via le deepwork, vient le moment où on mange.

Le sujet peut paraître trivial ou banal, mais il est en fait important.

Le repas du midi et ce qu'on y mangera déterminera la productivité de notre après-midi de travail.

Prenons un exemple : si à midi, on mange un repas trop lourd, alors la digestion sera longue et on ne pourra pas ou peu travailler pendant ce moment-là. À l'inverse, si on mange un repas trop léger, on aura faim toute l'après-midi et on aura sans doute mal à la tête et des vertiges, ce qui nous empêchera très sûrement de travailler correctement.

De fait, il faudra manger ni trop ni trop peu.

Que faire durant la digestion ?
Deux cas de figure se présentent :

- d'un côté, certains se lèvent très tôt pour faire leur journée sur la matinée.
Ces derniers pourront faire ce qu'ils veulent de leur après-midi puisqu'ils auront concentré leurs tâches le matin.
Par conséquent, s'ils veulent manger lourd et faire une sieste l'après-midi ou se distraire, ils le peuvent car ça n'impactera pas leur travail.

## Reprendre sa vie en main

Petite précision : quand je dis ils peuvent, évidemment dans ce livre, je ne donne pas d'ordres, seulement des conseils. Je pars du principe que si vous avez lu le livre jusque-là, c'est que vous êtes à la recherche de conseils pour maximiser votre efficacité dans vos projets. Donc dans cette situation, se reposer l'après midi est une possibilité et les gens qui le font peuvent prendre du temps pour eux sans se culpabiliser parce qu'ils resteront quand même très efficaces.

- de l'autre côté se trouvent ceux qui répartissent leurs journées avec des objectifs le matin et l'après midi, voire le soir (le plus grand nombre).
Il est important pour eux d'essayer de manger sain afin d'être efficace autant pendant la première partie de la journée que pendant la seconde.
Si vraiment on n'a pas le choix et que l'on mange lourd, alors autant essayer d'optimiser son temps.

Personnellement, pendant ma digestion, je vais me mettre à lire pour apprendre de nouvelles compétences, ou je vais aller sur YouTube pour suivre des formations.
Puisque j'aurai du mal à me concentrer pendant ma digestion, il vaut mieux ne pas perdre de temps et trouver une activité utile à faire.

On peut également en profiter pour réfléchir à nos projets ou à notre vision des choses afin de mieux appréhender notre quotidien ou notre travail.

## Reprendre sa vie en main

Il vaut donc mieux, après la coupure déjeuner, faire des activités qui ne demandent pas beaucoup d'effort mental ou de concentration.

On peut suivre une formation (donc écouter/lire et prendre des notes), ou si on a déjà un business établi - pour ceux qui veulent pouvoir en vivre- prendre le temps de la digestion pour répondre aux emails.

Dans ce cas précis, si le processus est déjà établi, alors il suffit juste de l'appliquer sans réfléchir.
Je profite de ce chapitre un peu court pour vous partager une réflexion que j'ai lu récemment.
Cette réflexion porte sur les passions qu'on peut avoir.

Je précise tout de suite que certains pourront ne pas être d'accord et c'est compréhensible, la personne qui en parle voit les passions comme ayant une utilité, pas comme juste une action qui nous apporte du plaisir.

Selon cette personne, il nous faudrait 5 passions :
- une passion sportive pour que nous puissions rester en forme physiquement (la marche, la musculation, l'escalade, etc.)
- une passion qui nous permette de faire de l'argent (écrire, faire des vidéos, etc.)
- une passion qui nous permette d'acquérir des connaissances (lire, suivre des formations, etc.)
- une passion pour stimuler notre créativité
- une passion pour faire évoluer notre mentalité

### Reprendre sa vie en main

L'utilité de cette réflexion est que nos passions nous permettront d'évoluer au quotidien, et ce, sans même sans rendre compte, étant donné qu'on aimera faire ce qu'on fait.

Mais cette réflexion peut avoir ses limites.
Il m'est arrivé de discuter avec des gens qui me disaient '. ' Je n'ai aucune passion". Il serait alors bien de leur présenter cette idée de se chercher des passions dans les domaines cités ci-dessus.

Si je me prends comme exemple, j'aime beaucoup écrire et lire et j'ai toujours eu des facilités à synthétiser un discours. Donc, quand je rédige mes livres, c'est surtout par passion.
Une passion qui m'apprend beaucoup et qui me permettra à terme, je l'espère, de gagner ma vie.
J'ai orienté mes passions dans ce sens.

## 12) LE RITUEL DU SOIR

**Reprendre sa vie en main**

### Reprendre sa vie en main

Comme dans l'un des premiers chapitres, le rituel du soir se doit d'être complémentaire au rituel du matin. L'un ne va pas sans l'autre. Le rituel du matin démarre une journée et celui du soir la conclut.

Pour reprendre la métaphore, si la journée est un film, alors le rituel du matin est le début du film et celui du soir la fin du film.
Si un film a un bon début et une mauvaise fin, vous serez d'accord pour dire que le film aura été soit mauvais soit globalement moyen.

De même dans le cas inverse, si le début est mauvais, mais que la fin est bonne, certes on repart de la salle de cinéma avec un bon souvenir mais on aura quand même ce sentiment de gêne lié au début.

Le but du rituel du soir est de préparer la journée du lendemain et de minimiser au maximum la friction liée aux tâches qu'on devra accomplir.
Ce rituel peut de plus nous rendre le réveil plus agréable. Il prépare aussi notre corps à l'endormissement pour qu'on puisse s'endormir vite et avoir un sommeil de bonne qualité.

Tout d'abord le rituel du soir est comme son nom l'indique un rituel donc une action ou une série d'actions qui se fait tous les jours et plus précisément le soir.

### Reprendre sa vie en main

Ce rituel, au même titre que celui du matin, doit être fait sans aucune entorse (l'autodiscipline est toujours extrêmement importante).

Avant d'aller dormir il faut préparer la journée du lendemain. Commencer une journée en sachant déjà quoi faire est vraiment important et primordial.
Il faut que, chaque matin, on sache à quel moment se lever et quoi faire.

Prenons un exemple : sur mon day board, tous les jours, je note les tâches à accomplir le lendemain et le surlendemain (donc je prévois deux jours à l'avance).
Le soir, quand toutes mes tâches sont remplies, je vais effacer la journée en cours, noter la date du surlendemain et préparer la journée.
Si on est lundi, alors je préparerai ma journée du mercredi puisque j'aurai préparé dimanche la journée du mardi. Personnellement, c'est le procédé que j'utilise : je préfère travailler sur deux jours, cela me laisse plus de flexibilité. Mais d'autres préféreront travailler sur une seule journée.
Je fais cette tâche chaque soir. Évidemment, les objectifs que je me fixe chaque jour sont en rapport avec les objectifs que je me suis fixés le soir.

Il est aussi important de faire ça le soir, car la journée est finie, on peut donc voir ce qui s'est bien passé, ce qu'on peut améliorer et ce qu'on doit reporter.

## Reprendre sa vie en main

De plus, le lendemain on saura tout de suite quand on se lève quelles seront les tâches à effectuer.

Il y a aussi une autre dimension dans la préparation de nos journées : la préparation matérielle.
Cette préparation a pour but de réduire la friction du début de nos journées.
Commencer sa journée en sachant déjà ce qu'on va porter et en ayant déjà son sac scolaire ou de travail préparé permet un gain de temps assez considérable. De plus, cela limite notre fatigue décisionnelle.

Il est aussi possible de mettre à charger nos appareils avant d'aller nous coucher et au moment de se mettre au lit, de les débrancher et de les mettre à leur place.
Je prends un exemple : ma routine du soir s'étend environ de 19 h 00 à 21 h 00.
À 19 h 00, je vais prendre mon PC et le ranger dans le meuble où il charge.
Deux heures plus tard, à 21 h, le PC est entièrement rechargé, je le repose donc sur mon bureau où je pourrai l'ouvrir dès le réveil. Il sera opérationnel sans avoir besoin de le chercher.

Tout ce que j'ai à faire au réveil sera de quitter mon lit, m'asseoir à mon bureau et ouvrir le PC pour l'allumer.
Et je fais ça pour la plupart de mes appareils. Je les ai donc constamment chargés et prêts à l'utilisation.
De plus, le soir durant ma routine, je vais ranger ma chambre (qui me sert d'espace de travail) pour encore

### Reprendre sa vie en main

une fois gagner du temps, optimiser mon espace de travail et avoir l'environnement le plus sain et le moins contraignant possible.

On peut pousser le raisonnement à l'extrême en ouvrant au préalable les pages dont on se servira le lendemain matin sur notre PC et sur nos appareils.
De fait, on supprime encore des étapes avant la mise au travail et on coupe l'herbe sous le pied des excuses qu'on pourrait se trouver le lendemain pour ne pas travailler.

Pour la suite des objectifs de notre rituel du soir, passons donc au prochain chapitre qui aborde les erreurs à ne pas faire durant le rituel du soir.

## 13) CE QU'IL FAUT FAIRE ET NE PAS FAIRE PENDANT LE RITUEL

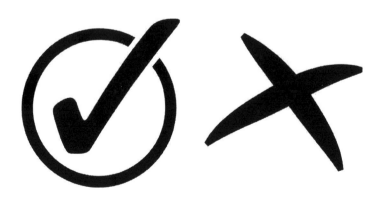

**Reprendre sa vie en main**

## Reprendre sa vie en main

Comme je l'ai dit précédemment, l'un des buts du rituel du soir est de se préparer à l'endormissement.
Il y a donc certaines habitudes ou certaines actions qui sont à proscrire car elles nuisent à notre sommeil.
Certaines sont évidentes et nous sont répétées continuellement partout et d'autres au contraire ne le sont pas. C'est pourquoi nous allons les voir ensemble.

C'est une chose couramment admise mais peu pratiquée : comme chacun le sait, regarder un écran avant d'aller se coucher nous empêche de nous endormir.

Nos écrans sont composés de pixels qui émettent trois lumières : de la lumière verte, de la rouge et de la bleue.

La lumière bleue est habituellement présente dans notre quotidien lorsqu'on sort dehors. Le soleil émet de la lumière qui est composée de toutes les couleurs possibles dont la lumière bleue.

Notre corps en présence de la lumière bleue va sécréter une hormone pour nous maintenir éveillé, car notre organisme va considérer que la lumière bleue correspond au jour.
Le jour a plus de bénéfice que la nuit, donc on a toujours été habitué à dormir la nuit et à être éveillé le jour.

La lumière bleu violet peut abîmer notre rétine à la longue et la lumière bleu turquoise contribue à la régulation de notre rythme biologique.

### Reprendre sa vie en main

Il est donc important de couper la lumière bleue de nos écrans plusieurs heures avant d'aller dormir. Pour cela, il existe plusieurs solutions :
- La solution du bon sens : plusieurs heures avant d'aller dormir, on éteint son téléphone ou on le met en veille sans plus y toucher jusqu'au lendemain matin. À partir d'un certain moment défini à l'avance, nos yeux et notre organisme ne seront plus exposés à la lumière bleue, et ce, d'autant que le soleil sera sans doute couché depuis un moment (surtout en hiver).

- Une deuxième solution si on ne peut pas s'éloigner de nos écrans pour de bonnes ou de mauvaises raisons : il faut aller dans les paramètres de nos appareils, dans la partie luminosité et désactiver la lumière bleue.
  C'est une manipulation qui n'est normalement pas très difficile et qui permet de limiter partiellement notre exposition à cette lumière.

- La dernière solution est assez simple mais elle demande un peu d'argent et un peu d'investissement.
  Petite explication préalable : quand on regarde de quoi est composée la lumière blanche, on constate qu'elle est faite de toutes les lumières possibles (un arc-en-ciel est la réfraction de la lumière blanche dans l'atmosphère humide de la pluie).

### Reprendre sa vie en main

Le blanc est donc la diffusion de toutes les couleurs en même temps et la couleur d'un objet dépend de ce que l'objet absorbe et renvoie.

Un objet, bleu par exemple, va absorber toutes les couleurs sauf le bleu et la lumière va renvoyer cette couleur bleue. Cette dernière va frapper notre œil qui ne sera stimulé que par le récepteur dédié à la couleur bleue.

La couleur noire est définie par l'absorption de toutes les couleurs, alors que la couleur blanche est définie par la diffusion de toutes les couleurs.

Il faut comprendre ceci pour connaître la solution au problème de la lumière bleue.

La dernière solution consiste à investir dans des lunettes à filtre bleu. Ces lunettes sont teintées en orange et par conséquent, elles laissent passer toutes les couleurs sauf le bleu.

Donc quand on met ces lunettes devant un écran, la lumière bleu n'atteint pas nos yeux et on limite ainsi les effets négatifs et les problèmes d'endormissement.

Le petit bémol de ces lunettes est qu'elles distordent un peu notre vision, parce qu'on voit le monde en orange (légèrement mais orangé quand même).

Pour ma part, il m'arrive de me servir de ces lunettes, et j'ai remarqué que j'ai moins de problèmes pour m'endormir et moins de fatigue visuelle.

### Reprendre sa vie en main

Les trois solutions ne sont pas forcément contradictoires ; on peut les appliquer à trois simultanément : utiliser l'option confort visuel sur nos écrans, porter nos lunettes à filtre bleu pour regarder nos écrans et limiter l'utilisation de nos appareils après un certain horaire.

Pour nombre d'entre nous, éteindre les écrans le soir s'avère être extrêmement compliqué, surtout pour notre génération qui baigne dans les écrans depuis son plus jeune âge.
Malgré tout, il faut limiter au maximum ces écrans avant d'aller se coucher car comme chacun le sait, moins de sommeil ou un sommeil de moindre qualité, c'est beaucoup moins d'efficacité.
Il faut également éviter de faire des activités physiques ou intellectuelles afin de ne pas avoir de stress physique qui nous réveillerait et nous empêcherait de dormir. Il faut chercher au maximum à préserver notre sommeil.

Dans le même registre, il est préconisé de ne pas trop manger avant d'aller dormir et si possible de manger trois heures avant l'heure de coucher pour que le processus de digestion soit déjà bien entamé voir quasiment fini lorsqu'on partira dormir.

Je pars du principe que les gens qui lisent ce livre ne le font pas mais je le précise quand même : évidemment, on ne boit pas et on ne fume pas pendant son rituel du soir.

**Reprendre sa vie en main**

Quand je parle de boire, cela englobe les sodas, les boissons sucrées et l'alcool de même que fumer comprend les cigarettes normales, les cigarettes électroniques nicotinées et les joints.

Certes, ceci ne nous empêchera sans doute pas de dormir, mais cela peut grandement endommager notre sommeil. En effet, dormir 9 heures, mais avoir eu sur la nuit seulement 5 heures de récupération car notre corps digère ou qu'il évacue la nicotine ou l'alcool, c'est peu satisfaisant.

À ce moment-là, autant pousser le concept à fond, arrêter ces mauvaises habitudes et directement dormir 5 heures par nuit.

On dort en moyenne 8 heures par nuit, soit 33% de notre vie. Il est important de maximiser notre qualité de sommeil pour que ça serve à quelque chose.

Dormir 9 heures mais dans de mauvaises conditions et être fatigué le lendemain, c'est s'infliger la double peine. On perd 8 heures à dormir et ensuite, on se retrouve en plus à ne rien pouvoir faire le lendemain car on est trop fatigué pour réfléchir.

Ensuite l'idée reste la même pour les activités intellectuelles.

Je suppose que ce scénario est déjà arrivé à tout le monde.

On se couche tôt, on est vraiment motivé pour bien dormir et…

### Reprendre sa vie en main

Quatre heures plus tard, on est toujours dans notre lit, bel et bien réveillé, à stresser car on sait que le lendemain il faudra réussir à se lever.

Tout le monde a vécu ce genre de nuit que l'on passe à se demander s'il faudra compter ou non avec l'insomnie. Horrible...

Il faut donc chercher au maximum à réussir à vider son esprit et à se détendre.

Sinon on se retrouvera à réfléchir dans notre lit à des sujets (souvent inutiles) qui nous empêcheront de nous endormir.

Il faut réussir à tracer une limite claire entre l'avant et l'après rituel du soir.

Avant, on peut faire du sport, travailler, etc mais dès que la routine du soir commence, il ne faut plus penser. Si on a une bonne idée qui nous traverse l'esprit, il faut la noter pour y réfléchir le lendemain.

Le rituel du soir doit vous permettre de vous vider au maximum la tête afin de vous endormir vite.

## 14) J'AI FAIS TOUT ÇA ET APRÈS ? COMMENT FAIRE LE BILAN APRÈS UNE SEMAINE, UN MOIS, TROIS MOIS, UN AN, UNE DÉCENNIE ?

**Reprendre sa vie en main**

## Reprendre sa vie en main

Vous vous êtes mis à travailler sur vous et vous y passez du temps.

Félicitations!!

Mais comment être sûr qu'on va dans la bonne direction, qu'on ne peut pas s'améliorer, qu'on ne peut pas en faire plus voire même qu'on fait les choses de la bonne manière ?
Ou plus simplement comment être sûr que nos efforts payent ?

C'est une question totalement légitime au vu du nombre d'heures qu'il faut passer pour appliquer l'essentiel de ce qui est dit dans ce livre, voire même d'autres conseils vus ailleurs. Il faut qu'on puisse savoir si ce qu'on fait marche !

Ici, on voit bien l'intérêt de noter ses objectifs et de les compléter au fur et à mesure pour voir notre marge de progression.
Il faut non seulement les noter et noter leurs progressions, mais en plus il faut conserver les documents sur lesquels on les a notés.

Si c'est sur papier, il faut conserver les papiers, si c'est sur un Google doc sur pc, il faut conserver Google doc, etc.

### Reprendre sa vie en main

Quand on les note, on doit aussi les dater chronologiquement : à savoir la semaine, le mois ou l'année dans laquelle on s'était fixé les objectifs.

Par exemple, imaginons qu'un mois M, on se fixe comme objectif de faire X séances de sport (séances datées pour connaître notre progression). Si le mois M, on se fixe 2 séances par semaine, le mois suivant, on peut monter à 3 par semaine.

Si on ne note pas la chronologie des mois, comment fait-on pour savoir si on a progressé ou pas dans l'activité sportive en question ?

Une fois les objectifs notés, il faut fréquemment revenir dessus pour voir comment vous avancez : à la fin de chaque mois si vous fixez vos objectifs sur un mois ou à la fin de chaque semaine si vous les faites sur la semaine.

Vous regarderez les progrès et les échecs de façon à améliorer votre mois suivant.

Si sur un mois, vous avez eu les yeux plus gros que le ventre en termes d'objectifs, vous saurez que le mois suivant vous devrez ralentir au moins pour un temps la cadence.

Je dis pour un temps, car il est possible, le temps qu'on s'habitue à se remettre au travail, qu'on ait du mal à en faire autant qu'on pourrait normalement en faire.

Peut-être que deux ans plus tard, vous n'aurez plus aucun mal, mais il faut faire attention quand même : trop

## Reprendre sa vie en main

d'objectifs d'un coup et trop d'objectifs qu'on n'aurait pas atteints peuvent nous démoraliser.
Et là, surtout au début, on peut craquer et revenir à notre situation initiale en étant complètement dégouté de nous même.

Donc, il faut analyser mois après mois comment on avance sur nos objectifs, comment on s'en sort et comment on pourrait mieux s'en sortir.
Ensuite, à la fin de chaque année, il faut reprendre l'ensemble de nos objectifs et de nos résultats pour faire une analyse plus en profondeur de ceux-ci.

Le faire à la fin de l'année nous permet d'avoir une vraie vue d'ensemble et une vision claire du projet qu'on cherche à mettre en place.

Il va sans dire que le bilan après une décennie reprend le même principe, mais que celui-ci va bien plus en profondeur et à un horizon de temps beaucoup plus large que le bilan de l'année.

Si on prend une heure en moyenne pour le bilan mensuel et pour la mise en place d'objectifs sur le mois suivant, le bilan annuel, quant à lui, prendra une journée et celui sur la décennie prendra une semaine pour vraiment faire les choses bien.

### Reprendre sa vie en main

Personnellement, j'ai commencé à travailler comme ça depuis 1 an et demi, donc j'ai pu faire 18 bilans mensuels et 1 bilan annuel.
Mais il me faudra attendre encore 9 ans environ pour faire un bilan sur la décennie. Or 9 ans représentent pour l'instant la moitié de la vie que j'ai vécu jusqu'à présent...

Le bilan mensuel sert à analyser les actions qu'on fait tous les jours et les imprévues qu'on peut avoir.

Le bilan annuel sert à dresser un état des lieux des systèmes qu'on a mis en place tout au long de l'année pour voir s'ils sont perfectibles ou non.
Pour faire les bilans, il faut être capable de modéliser ses choix, comprendre leurs conséquences, savoir se projeter.

L'an dernier, je n'avais pas d'objectifs clairs sur un an, je projetais mois après mois car j'avais encore beaucoup de mal à me visualiser sur un avenir plus lointain.

Cette année, en juillet, j'ai réussi à prendre du temps pour réfléchir à ce que je voulais accomplir et à définir mes objectifs sur un an.
Mais pour l'instant je reste toujours incapable de me projeter sur dix ans.
J'ai une vague idée et des désirs, mais ceux-ci restent une image de l'esprit qui est belle mais peu concrète.
Au début, il faut donc viser petit sur ses bilans et sur ses objectifs.

### Reprendre sa vie en main

Il ne faut pas oublier que le bilan a pour but de nous donner de meilleurs indicateurs au moment où l'on se fixe nos objectifs. Il ne faut donc pas le négliger et être sérieux quand on le dresse.

**Reprendre sa vie en main**

**Reprendre sa vie en main**

## 15) COMMENT MIEUX MANGER, AVOIR UNE ALIMENTATION PLUS SAINE ET QUELQUES RECETTES SIMPLES

**Reprendre sa vie en main**

### Reprendre sa vie en main

Petit à petit, ce livre commence à tirer sur sa fin.
Nous avons pu voir ensemble comment structurer ses journées, quelles sont les erreurs à éviter et beaucoup d'autres choses.

Pour ces derniers chapitres, on va passer sur des conseils un peu plus généralistes, mais qui sont eux aussi utiles.
Dans ce chapitre, nous évoquerons la nutrition et pourquoi elle est importante.

Enfin je vous donnerai une liste de liens pour enrichir vos connaissances sur les sujets que j'ai traités et je vous offrirai aussi une liste d'objectifs que vous pourrez réaliser si vous voulez vous prendre en main mais que vous ne savez pas quoi faire.

L'alimentation est un domaine au combien important lorsqu'on veut se reprendre en main.
Beaucoup pensent que nous sommes ce que nous mangeons et que notre alimentation reflète qui nous sommes.

Une personne en surpoids, qui se nourrit mal, aura du mal à se remettre au sport ou à se reprendre en main, car ses problèmes de poids vont lui causer énormément de friction et d'ennui, ce qui le poussera à ne rien faire pour ne pas souffrir en perdant du poids.
Encore une fois, on a cette idée de friction et de contrainte qui est présente depuis le début du livre. Rien

### Reprendre sa vie en main

d'étonnant, car on définit la liberté non pas comme une absence de contrainte, mais comme le choix de celle qu'on s'impose.

Il se trouve que beaucoup des contraintes que vous vous imposez au quotidien ne servent à rien : elles ne font que nous gêner inutilement. On se doit de s'en débarrasser pour avancer.

Dans le cadre du sujet de la nourriture, ne pas cuisiner ou trop manger sans faire de sport est une contrainte qu'on s'impose.
Pourtant, il est évident que si on y réfléchit, celle-ci est néfaste. Manger trop nous fatigue car notre corps fonctionne en surrégime pour stocker et emmagasiner la nourriture qu'on lui envoie.

A contrario, une personne en sous-nutrition sera toujours faible car elle manquera d'énergie. Son corps n'aura pas de quoi fonctionner correctement.
Il faut réussir à trouver le juste milieu entre la surconsommation de nourriture et là sous consommation de nourriture.

Un autre problème se pose : il a été prouvé plusieurs fois que la nourriture industrielle nous empoisonne petit à petit et qu'elle contient des perturbateurs endocriniens (en gros des hormones).

### Reprendre sa vie en main

Ce qu'on veut quand on se reprend en main, c'est vivre le plus longtemps possible et de surcroît une belle vie.
Mais la nourriture qu'on mange peut nous fatiguer et nous rendre malade.
Or si on est malade, on ne pourra pas travailler sur nous-même et ça nous coupera dans notre reprise en main.

Il est donc important d'avoir une bonne alimentation pour se préserver et garder de l'énergie au quotidien.
Quand je parle de l'alimentation, j'évoque aussi bien ce qu'on boit que ce qu'on mange.

<u>Conseils sur la nutrition</u>

Le but pour prendre de la masse volumineuse n'est pas d'augmenter son apport en calories.
Si on prend un verre d'eau plein et qu'on rajoute de l'eau, il va déborder.
C'est la même chose avec le corps humain. Si on lui donne trop d'énergie comparée à ce dont il a besoin, cette énergie va se transformer en graisse et se stocker tout en ajoutant des problèmes de santé majeurs (cancer, dépôt de graisse autour du cœur, cholestérol…).

Donc tout se joue sur une bonne alimentation équilibrée.

Pour commencer, les protéines ! La majorité des hommes consomment environ 17% maximum de protéines par rapport à la quantité de Calories qu'ils

### Reprendre sa vie en main

ingèrent (environ 2000 Kcal pour un homme) ce qui n'est pas assez pour un corps en bonne santé.

On peut utiliser jusqu'à 37% de nos Kcal pour des protéines sans danger. Le problème est qu'on ne peut pas savoir exactement quelle quantité de Kcal on a besoin. Il existe des formules qu'il ne vaut mieux pas utiliser car elles ne prennent en compte aucun facteur physiologique et sont donc erronées à 100%. De nos jours, certaines balances sont capables de nous donner une valeur approchée mais pour commencer, il vaut mieux se contenter d'une bonne vieille formule.

Pour prendre de la masse volumique (par conséquent uniquement le gonflement des muscles), le corps a besoin de 2 g.kg-1 minimum de protéines.

Pour connaître notre besoin en protéine, on multiplie le poids par 2.

Astuces : évidemment, il est inutile de calculer la contenance en protéines de chaque aliment qu'on ingère. Donc lorsqu'on va faire nos courses, il faut chercher les aliments riches en protéines.

Il faut essayer de se fixer un but, par exemple manger certains aliments deux fois par jour parce qu'ils contiennent beaucoup de protéines. Il faut, tout au moins, essayer d'en manger régulièrement.

Liste d'aliments protéinés :
-La viande blanche comme le poulet
-Le poisson

### Reprendre sa vie en main

-Le lait et les produits laitiers : yaourt, fromage blanc, crème fraîche, etc.
-Les œufs
-Les noix, noisettes, amandes et les graines comme les pignons, etc.
-Les lentilles

On retrouve des protéines dans de nombreux aliments que l'on consomme au quotidien. On peut voir leur teneur en protéines sur l'emballage pour évaluer ce que nous apportent les aliments.
Attention toutefois aux œufs : on en trouve dans beaucoup d'aliments transformés, or il est mauvais d'en manger trop et tous les jours.

Calculez une fois pour toutes ce que les aliments peuvent vous apporter en protéines et mangez tous les jours ceux qui sont forts protéinés. N'hésitez pas à alterner entre deux pour ne pas vous lasser.
Mettre cette base en place peut nous créer des routines.


Passons aux sucres ! Du sucre, on en trouve partout ! Même dans le ketchup qu'on mange avec nos frites dans les fast-foods.
Sans sucre, c'est une mort lente et douloureuse qui nous attend, enfin plutôt une mort cellulaire pour être clair.
On a inévitablement besoin de sucres mais attention pas n'importe lesquels !

**Reprendre sa vie en main**

En trop grosse quantité, ils sont vites dangereux. Il y a pleins de sucres différents dont certains inévitables : les sucres naturels tels que l'amidon (ex : dans les pommes de terre) ou le fructose (ex : dans les fruits), qui eux, sont bons pour le corps.
Ils permettent aux cellules de distribuer et de stocker de la bonne énergie. Il faut néanmoins faire attention à ne pas trop en consommer car lorsque les cellules sont pleines, le sucre se transforme en graisse.

Les sources de sucres naturels sont considérées meilleures pour la santé que les sucres raffinés, car elles apportent aussi des fibres, des minéraux, des vitamines et des antioxydants. Ceux-ci ralentissent le passage du sucre dans le sang et la glycémie reste donc stable.

Les sucres dits raffinés comptent parmi eux le saccharose (ex : sucre de canne, le sucre cristal, le sucre en poudre…). C'est eux qu'on doit limiter voire supprimer car ils n'apportent aucune valeur nutritionnelle. Dépouillés de tous leurs nutriments naturels, ces sucres sont des calories vides. Ils procurent bien de l'énergie, mais sans apporter de vitamines, de minéraux ou de fibres.
Quand on consomme trop de calories vides, l'organisme absorbe plus d'énergie que ce dont il a besoin. Incapable de traiter cet excédent énergétique, il le transforme en réserves de graisses pour pouvoir l'utiliser plus tard.

## Reprendre sa vie en main

Selon les recommandations actuelles de L'OMS, l'apport en sucres ajoutés (sucres raffinés) ne devrait pas dépasser 5 % de l'apport énergétique journalier. Or, on a vite fait de dépasser la quantité de sucre recommandée et pour cause : plus de 50 % des produits des supermarchés contiennent des sucres ajoutés.

Astuces : du sucre, il y en a dans tous les aliments qu'on achète (même dans le pain). Le mieux est de préparer nous-même un maximum de plats, d'éviter les sodas (une fois de temps en temps ne va pas nous tuer, mais bien limiter la consommation) et les sauces toutes faites…

Les farines, les pâtes et le riz ont aussi un indice glycémique très élevé, c'est-à-dire qu'ils apportent beaucoup de sucre. Le mieux est d'essayer de valoriser le blé complet dans ces types de féculents (même si l'indice glycémique reste élevé, il l'est beaucoup moins car ceux sont des aliments moins transformés).

Pour le pain, on peut essayer le pain au blé complet, aux céréales ou le pain noir si on y arrive. C'est la meilleure alternative car il est plein de nutriments avec un indice glycémique bas et beaucoup de protéines.

Pour les fruits et les légumes, il faut éviter d'acheter en surgelé car ils auront perdu partiellement leurs nutriments.

### Reprendre sa vie en main

La solution serait de les acheter au rayon frais, puis de les couper nous même pour enfin les congeler (ça peut prendre beaucoup de temps mais finalement ça vaut le coup).

### Ensuite, les lipides !

Ils se divisent en deux groupes, les acides gras et le cholestérol.
Ils sont indispensables pour le corps. Ils contribuent notamment à la production des hormones sexuelles et stéroïdiennes, indispensables pour notre cerveau, notre cœur et nos artères. Tellement indispensables qu'il est important de ne pas les supprimer et de continuer à consommer des graisses... de bonnes graisses bien évidemment !

Ils sont comme les sucres et s'installent dans les tissus graisseux du corps lorsqu'ils sont présents en trop grande quantité. Il y en a plusieurs sortes et le plus important est de retenir que les lipides ne sont pas tous des graisses mais que les graisses sont toutes des lipides.

Astuces :
Il faut privilégier les huiles végétales par rapport au beurre d'origine animale, ne pas manger trop de fromages et de produits laitiers entiers et faire attention aux produits transformés.

**Reprendre sa vie en main**

**Maintenant les fibres !**

Les fibres sont des sucres complexes, elles ne sont pas assimilées par l'organisme et n'apportent donc aucune valeur nutritionnelle.

En revanche, elles jouent un rôle très important dans la digestion, facilitent le transit et ralentissent l'absorption du glucose en faisant une sorte de « gel » dans l'intestin.

Astuces : manger des céréales complètes, des légumineuses (haricots noirs, blancs ou rouges, fèves, pois chiches, lentilles par exemple), des fruits et des légumes. Il y a également les fruits secs ou oléagineux (amandes, noisettes, pruneaux, figues sèches).
Mais la meilleure source en fibre reste les légumes secs - dits légumineuses - qui peuvent en contenir jusqu'à 25%. Il faudrait consommer au moins 25 à 30 grammes par jour de fibres (la consommation moyenne est de 17 grammes seulement).

Après avoir vu ces points, passons donc à la partie pratique en voyant qu'elles sont les meilleures recettes au quotidien qu'on puisse faire pour avoir une bonne alimentation.

## Reprendre sa vie en main

Ceci est un exemple de journée avec les repas qu'on peut faire,
selon que vous souhaitiez prendre ou perdre du poids ou juste vous maintenir à votre poids actuel.
Pour savoir si on doit prendre ou perdre du poids, on peut se rendre sur le site calculersonimc.fr qui nous permettra de savoir par rapport à notre taille et notre poids combien de calories on doit consommer tous les jours.

Au petit déjeuner, on peut selon les préférences prendre un petit déjeuner sucré ou un petit déjeuner salé selon ses goûts.

Si on préfère le sucré, on pourra prendre le matin une portion de fromage blanc avec de la gelée de fruits. En moyenne sur un pot d'1 kg de fromage blanc, on peut faire 7 petits déjeuners, soit environ 130 grammes chaque matin, auxquels on ajoute la gelée de fruits.

Avec ce fromage blanc qui nous apporte des protéines et du sucre rapide, on peut aussi prendre des céréales (évidemment pas des pétales de maïs sucrés hypercaloriques). Le plus serait des flocons d'avoine ou des céréales riches en fibre, mais tout dépend des goûts de chacun.
En accompagnement de ce petit déjeuner, on peut boire un verre de jus d'orange pressé (ou jus de fruits à 100% et non un nectar concentré).

### Reprendre sa vie en main

Petit conseil pour ceux qui ont du mal à se réveiller le matin mais qui n'aiment pas le café : vous pouvez à votre réveil prendre une douche froide. Elle permet de se réveiller extrêmement vite sans pour autant nous donner des soucis de santé. En plus, le fait de sortir de notre zone de confort dès le matin nous habitue à être efficace plus vite.

Pour ceux qui préfèrent les repas salés, les œufs le matin peuvent très bien faire l'affaire (2 au maximum).

Pour le midi, si on veut maigrir, on peut faire un repas avec du blanc de poulet et des pommes de terre à l'eau ou du riz basmati. Ce sont des aliments peu caloriques mais qui comptent beaucoup dans l'effet de satiété. En manger nous permet de maintenir notre niveau de protéines et en même temps de maigrir.
Maigrir pour maigrir ne sert à rien, le but est de garder nos muscles qui ont besoin de protéines. Car, quand on maigrit, ce que l'on perd en premier, ce sont les muscles. Donc il faut manger moins de calories que ce dont notre corps a besoin mais en même temps maintenir assez haut notre niveau de protéines.
On peut consommer un sandwich au thon au repas de midi (sans mayonnaise, une vinaigrette maison avec tomates et salade est préférable), le tout est de rester en dessous du seuil calorique journalier.
Pour perdre du poids, il faut compter au maximum sur les aliments qui jouent sur notre indice de satiété : remplacer les tartines au goûter par une pomme.

### Reprendre sa vie en main

A contrario, si on veut prendre de la masse, on doit manger plus que ce qu'on consomme. Mais attention, il ne s'agit pas de s'empiffrer il faut surtout augmenter son taux de protéines.

On peut suivre les repas cités au-dessus mais il faut enlever tous les aliments qui nous coupent la faim tels la pomme, les pommes de terre, etc.

On peut manger du beurre de cacahuètes le matin ou au goûter, manger du fromage blanc en dessert le soir et le matin manger des œufs, du poisson, des bananes ou du poulet (tout apport de protéines est bienvenu).

On sélectionne les aliments que l'on préfère et qui nous apportent le plus de protéines et on en mange régulièrement.

Pour résumer, si on veut prendre du poids pour avoir de plus gros muscles, on doit augmenter le nombre de calories qu'on doit consommer au quotidien, mais des calories en protéines, pas du sucre.

Si on veut perdre du poids, il faudra consommer moins que ce que notre corps demande, sans pour autant trop se restreindre

Si on ne mange rien, le corps va fondre dans un premier temps, mais dès qu'on recommencera à manger, il va se dépêcher de stocker une grande partie de ce qu'on mangera en prévision de la prochaine période où on ne mangera pas. Il est important de perdre doucement sur

### Reprendre sa vie en main

une période plus longue (cela nous évitera de reprendre d'un coup tous les kilos perdus).

On ne doit jamais se sentir faible ou affamé quand on veut perdre du poids car ce sera dur à tenir physiquement et mentalement. On sera plus tenté d'abandonner rapidement et de ne jamais s'y remettre. Ce serait imposer un stress inutile à notre corps qui se retournera contre nous à un moment ou à un autre.

Enfin pour ce qui est du maintien de notre poids, le principe est de consommer juste ce que notre corps demande.

Pour le coup, il peut quand même être utile, même si on ne cherche pas à prendre ou à perdre du poids, de retirer de notre alimentation certains aliments comme les sodas, les bonbons, les aliments qui sont trop gras pour notre corps, etc.
Cela vous évitera des problèmes de santé dans le futur et vous anticiperez les problèmes liés à la vieillesse. Si on suit ces règles sur le long terme, on sera gagnant sur les deux tableaux car on aura un beau physique pendant notre jeunesse et on limitera les problèmes de santé par la suite.

Aujourd'hui, je suppose que la plupart des personnes qui liront ce livre seront, comme moi, encore jeunes avec un corps en bonne santé.

Si, demain, je prends du poids, rien ne m'empêche

### Reprendre sa vie en main

d'augmenter mon temps de séance de sport ou de m'adapter pour le perdre.
Mais rien ne me dit qu'arrivé à un certain âge, j'aurais encore le temps ou la santé pour faire du sport.

À ce moment-là, seule notre alimentation comptera. Donc, si aujourd'hui, on prend pour habitude d'avoir une mauvaise alimentation, ça pourra nous provoquer des maladies dans le futur mais ça pourra également nous faire prendre du poids qu'on aura toutes les peines du monde à perdre.

On a tous, dans nos familles, l'exemple d'un père, d'un oncle, ou d'une tante qui, sur ses photos de jeunesse était mince et qui, aujourd'hui englué dans la vie active, se retrouve avec un physique qui ne lui plaît plus.

L'âge et le rythme de vie effréné que nous menons les a rendus encore moins actifs. On peut donc parier sur le fait qu'énormément de personnes de notre génération arriveront à l'âge adulte avec des problèmes de santé et de désordres physiques.

Avant de passer à la partie "index" du livre, j'aimerai en premier lieu vous remercier d'être arriver jusqu'ici, si vous êtes à cette page ça veut dire que vous avez au moins trouver un intérêt à ce que j'ai pu écrire et comme dit au tout début, j'espère que ça vous aura aider.

### Reprendre sa vie en main

Si vous avez appréciez mon livre, je vous invite à le noter sur amazon sur la page "vos commandes", quelques étoiles, un commentaire dans lequel vous me donnez votre avis, tout ça me permettra de m'améliorer.

Ensuite, si vous appréciez ma façon d'expliquer les choses et les thèmes que j'aborde, je peux vous conseiller mon nouveau livre "Comment faire des économies" dedans, j'y aborde tous les thèmes utiles à l'objectif énoncé. Comment diminuer le poids de vos factures, diminuer votre budget voiture (sans pour autant moins conduire), mieux gérer vos courses et énormément d'autre conseils. Pour l'instant la plupart des gens qui l'ont lu ont réussie à réaliser beaucoup d'économies et sont assez content du livre, je pense que ça sera votre cas aussi.

Si vous voulez en savoir plus, scannez ce qr code

**Reprendre sa vie en main**

## 16) LES CHAINES YOUTUBE ET LIVRES SUR LE SUJET

**Reprendre sa vie en main**

### Reprendre sa vie en main

Dans ce chapitre, je vous propose une liste de chaînes YouTube françaises et une liste de livres pour creuser les sujets que j'ai abordés dans cet e-book.

## Chaînes YouTube

- Emilio ABRIL : coach dans le développement personnel et l'une des principales sources d'inspiration pour écrire ce livre. Il propose régulièrement des vidéos YouTube et une newsletter avec des emails où il apporte toujours de bons conseils.
Si vous ne deviez en suivre qu'un, je vous conseille vivement celui-ci.

- STEVE : également coach en développement personnel. J'ai très peu regardé son contenu, mais de loin, il a l'air de bon conseil et donne de la motivation.

- LUCA - Minimalist Space : pour ceux qui veulent en savoir plus sur le minimalisme et découvrir ce mode de vie. Il émet aussi une newsletter et poste fréquemment des vidéos intéressantes.

- Jean Marie CORDA - Domination By Love : blogueur vidéo très controversé que je ne recommande pas forcément car son langage et ses idées politiques peuvent être extrêmes (il est également sex coach…) mais il reste quand même

**Reprendre sa vie en main**

de très bon conseil en ce qui concerne la discipline.

Depuis un moment, sa chaîne est inactive mais le contenu posté dessus reste quand même assez qualitatif en ce qui concerne la réussite du business en ligne.

Vous trouverez certaines vidéos sous son nom propre et d'autres sous le nom de sa chaîne (contenus différents les uns des autres)

- Enzo HONORÉ : principalement business coach qui poste néanmoins des interviews sur sa chaîne, interviews qui sont remplies de conseils qu'on peut grappiller et intégrer dans son quotidien.

- David LAROCHE : entrepreneur et conférencier international qui fait surtout des vidéos de performance (self motivation). Je ne consomme pas son contenu mais certains pourront aimer le personnage et ses conseils. Il poste fréquemment des vidéos sur sa chaîne.

- Stan LELOUP - Marketing Mania : youtubeur et podcasteur qui présente des interviews sur comment gagner de l'argent grâce à la psychologie. Il est possible de récupérer des informations utiles en cherchant bien.

**Livres sur le sujet**

### Reprendre sa vie en main

- <u>Pensées pour moi-même</u> de Marc AURÈLE : livre un peu ancien, mais beaucoup de ses conseils restent emplis de bon sens et peuvent encore aujourd'hui nous être utiles. En outre, son livre ne fait que 90 pages, donc il est rapide à lire.

- <u>Les principes de la direction scientifique du travail</u> de TAYLOR (1911) : père du taylorisme qui pour son temps avait déjà une approche intéressante pour l'organisation du travail.
On peut en trouver une version de 45 pages à moins de 5 euros qui compile uniquement les passages réellement intéressants.

- <u>Influence et manipulation</u> de Robert CIALDINI : ce livre nous explique les mécanismes pour atteindre nos objectifs et permet de comprendre pourquoi certaines fois nous n'y arrivons pas.

- <u>Agir</u> de Thami KABBAJ : ce livre parle plus de business que de mise en place de routine ou de reprise en main. Des passages un peu longs et répétitifs, mais l'idée de fonds reste intéressante.

- <u>La semaine de 4 heures</u> de Timothy FERRISS : ce livre reste un classique. Pour ceux qui auraient la flemme de le lire, il existe de nombreux résumés vidéo sur YouTube qui détaillent les idées et les points intéressants du livre.

## Reprendre sa vie en main

- L'art subtil de s'en foutre de Mark MANSON : il existe là aussi une version du livre résumé en vidéo et disponible sur YouTube. Le livre aborde l'aspect du regard des autres et de son impact sur notre perception de nous-même et sur notre rapport aux autres.

Pour booster notre motivation, il existe aussi de nombreuses biographies de personnes célèbres qui peuvent nous pousser à travailler :

- Elon Musk, l'homme qui invente notre futur de Luc MARY

- Napoléon d'André CASTELOT : livre très accessible qui est une véritable référence sur la vie et les heures de gloire d'un personnage historique majeur. Simple immigré corse devenu Empereur grâce à son travail et sa ténacité.

- Le loup de Wall Street de Jordan BELFORT : même si ce livre est un portrait explosif de son auteur, il décrit tout de même la réalité d'un gamin de 27 ans devenu multimillionnaire à la force de son travail mais aussi de son talent de manipulation (escroqueries et illégalités au programme mais on peut au moins souligner la performance).

**Reprendre sa vie en main**

D'autres références intéressantes

Le Pouvoir des habitudes : Changer un rien pour tout changer de Charles DUHIGG

So good they can't ignore you : why skills Trump passion in the quest for work you love de Cal NEWPORT

La vérité sur ce qui nous motive de Daniel H. PINK

Enfin, de nombreux podcasts sont disponibles sur ce sujet : podcast de marketing mania d'Enzo HONORE mais aussi celui de Elio AVILA MUNOZ.

Je me suis surtout concentré sur des chaînes YouTube en français mais il existe aussi ce genre de contenu aux État-Unis (en anglais forcément).

En règle générale, avec les livres de développement personnel ou les vidéos, tant que vous faites l'action de chercher à vous améliorer vous-même et si le contenu est intéressant, vous serez déjà sur la bonne voie.

Eh oui, vous serez sur la bonne voie car vous aurez réussi à diagnostiquer votre problème, à en prendre conscience et à tenter de le résoudre.
De plus, le fait de se référer à des formateurs et à des professionnels de ces domaines est une bonne chose ; il faut accepter le fait que parfois on ne peut pas tout

**Reprendre sa vie en main**

connaître et que pour certains de nos problèmes, il faut consulter des spécialistes qui seront les plus à même de nous aider à avancer.

# 17) LES MOTS UTILISÉS DANS CE LIVRE

**Reprendre sa vie en main**

### Reprendre sa vie en main

Pour faciliter la compréhension du livre, je répertorie ici la liste des mots qui sont propres au monde du développement personnel et au monde qui gravite autour :

*Morning ritual ou routine du matin* :
Liste des actions qu'on fait tous les matins quoi qu'il arrive. Elles peuvent avoir différents buts comme nous réveiller, nous amener à améliorer notre espace de vie, muscler notre corps, apprendre de nouvelles choses, etc. L'important à retenir est qu'il s'agit d'actions qu'on répète par automatisme tous les matins et qui sont censées être saines pour nous.

*Night ritual ou routine du soir* :
Même principe que la routine du matin, mais à l'inverse de nous aider à nous réveiller, la routine du soir facilite notre endormissement.

*Dayboard* :
facile à mettre en place, c'est un document physique ou virtuel dans lequel on note sa journée de façon à savoir les tâches qu'on devra accomplir au cours de ladite journée. C'est un document pratique pour avancer dans ses projets et ne jamais se retrouver à ne rien faire.

*Emploi du temps* :
Il nous sert à noter les activités qu'on doit faire sur une journée, voire plus. Mais contrairement au day board, on indique le moment de la journée précis dans lequel on

**Reprendre sa vie en main**

est censé effectuer les tâches. Dans un dayboard on marque juste si la tâche doit être faite le matin, le midi ou le soir contrairement à un emploi du temps où on précisera l'heure à laquelle on fera la tâche.
L'emploi du temps est un outil à double tranchant car il est à la fois utile mais peu flexible.

*To do list* :
il s'agit aussi d'un outil pour organiser ses journées.
La to do list est l'outil le plus flou des trois présentés, car dans celle-ci, on note juste les actions qu'on doit faire. Mais on peut très bien choisir quand on le fera. Il faut vraiment avoir beaucoup de discipline pour ne pas procrastiner et se retrouver à tout faire le soir.

*Minimalisme* :
Philosophie de vie qui consiste à dire que la qualité doit être privilégiée sur la quantité et que la consommation ne nous rend pas heureux. Cette philosophie peut s'appliquer à beaucoup d'aspect de notre vie : la façon de consommer, notre environnement de vie réel ou digital, notre travail, nos fréquentations…
Le minimalisme peut prendre diverses formes parce qu'il y a autant de formes de minimalisme que de personnes qui le pratiquent.

*Le deep work* :
C'est une façon de travailler censée nous rendre plus productif.

## Reprendre sa vie en main

Le deep work se caractérise par de courtes sessions de travail sur un seul sujet au cours desquelles on coupe toute distraction pour être concentré au maximum sur ce qu'on fait.

*Friction au démarrage* :
Nombre d'actions qu'on doit faire avant de commencer une activité. Plus il y a d'étapes et plus la friction au démarrage sera grande, et donc plus il sera difficile pour nous de commencer à travailler sur nos projets.

***Petit aparté sur la Rat race*** :

Expression péjorative utilisée pour désigner le métro boulot dodo dans lequel beaucoup de gens sont aujourd'hui. La Rat race fait référence à une course de rats qui se battent entre eux pour récupérer une récompense mais en ne se posant jamais la question de savoir si la récompense vaut le coup ou non.

Aujourd'hui par exemple beaucoup d'individus sont bloqués dans la Rat race : ils travaillent toute la semaine dans un boulot qu'ils n'aiment pas et ils attendent le week-end pour souffler.
Puis, lorsqu'ils se sentent mal et que les week-ends ne sont plus assez motivants, ils se mettent à attendre les vacances et après des dizaines d'années, ils se mettent à attendre la retraite.

### Reprendre sa vie en main

La Rat race est ce qui provoque en grande partie les déprimes et les burn out aujourd'hui. Comme les boulots ne sont qu'alimentaires, les gens n'arrivent pas à apprécier ce qu'ils font et ils ont tendance à se sentir inutiles au quotidien.
Comme nous sommes des animaux sociaux, le fait de se sentir inutile peut vraiment détruire quelqu'un.

Pour résumer la Rat race, on peut dire que l'ennui et la lassitude prédominent.
À titre d'exemple, quand on est enfant, on s'ennuie à l'école maternelle. On nous dit qu'il est normal de s'ennuyer à l'école maternelle et que lorsque l'on commencera à apprendre des choses en CP, on ne s'ennuiera plus.
Puis vient le CP et on s'ennuie encore. On nous rétorque que c'est normal de s'ennuyer au CP, qu'on trouvera les années suivantes plus intéressantes.
Ensuite au collège, le même scénario se répète jusqu'en 3e, année du brevet où on nous affirme qu'on n'aura plus le temps de s'ennuyer.
Mais arrivés en troisième, on s'ennuie toujours.
On nous assène à nouveau qu'il est normal de s'ennuyer, que le lycée va nous permettre d'explorer les matières plus en profondeur.

Et devinez quoi ?
Une fois au lycée, on s'ennuie à cause du quotidien, de la monotonie des cours et de tout un tas d'autres choses. Qui ne sait jamais dit dans un cours : "Bon sang, mais à

### Reprendre sa vie en main

quoi ça va me servir plus tard ?". La plupart des profs ne sont plus investis car peu soutenus donc finalement tout le monde en souffre.

On nous rassure encore une fois : "Promis, l'année du bac, tu choisis tes matières, donc ça ira mieux !".

Et le schéma se répète inlassablement. On commence les études supérieures en s'ennuyant. Le week-end, les gens sortent pour faire des soirées pour oublier que le lundi, ils continueront de faire un travail auquel leur patron n'accordera que peu ou pas d'attention.

Cette situation, des millions de personnes la vivent chaque jour.

Attention le fait d'être dans la Rat race ne doit pas être une excuse pour ne pas travailler. On pourrait être tentés de se dire "À quoi bon ? ", mais ce serait oublier que nous sommes de grandes personnes et que toute situation qu'on vit résulte de nos choix et par conséquent peut être changée elle aussi par nos choix.

**Reprendre sa vie en main**

# 18) LES APPLICATIONS QU'ON PEUT UTILISER.

**Reprendre sa vie en main**

### Reprendre sa vie en main

Pour vous aider dans votre quotidien et dans votre vie virtuelle, voici une liste d'applications dont vous pouvez vous servir.

- L'application the forest : cette application permet de définir le temps de nos activités. On définit dans l'application un temps qui va s'écouler, par exemple deux heures, et pendant les deux heures qui vont s'écouler, on est censé travailler sur nos projets. L'application dispose d'une sécurité pour être sûr qu'on ne sera pas tenté de faire autre chose. Quand on lance le compte à rebours sur l'application, un petit arbre est planté. Au cours du temps qu'on aura défini, il grandira. À la fin du temps choisi, il aura fini de pousser et sera mis dans un jardin sur l'application.
Si on se sert du téléphone ou de son PC pendant que l'application est en marche, l'arbre va mourir et la session de travail s'arrêtera automatiquement. Au lieu d'avoir un bel arbre dans le jardin de votre application, vous aurez un arbre mort.
Cette application permet de savoir combien de temps on travaille tous les jours et combien de temps on travaille sur un mois, voire plusieurs années.
Elle est vraiment pratique. Son seul inconvénient est qu'à force de se concentrer sur nos résultats et notre efficacité, on en oublie la qualité du travail et on commence à être déçu de soi.

### Reprendre sa vie en main

Je me rappelle que quand je m'en servais, j'ai fini par être déçu et triste de constater que sur un mois, je n'avais travaillé que 60 heures sur mes projets en plus des cours.

En y regardant de plus près, cela représentait 2 heures par jour. Sachant que ces 2 heures étaient effectuées après la journée de cours, c'était pas mal. Pour autant, le mois d'avant, j'avais réussi à travailler 3 heures par jour sur mes projets (j'avais eu des week-ends où je n'avais rien à faire donc mes chiffres avaient été vraiment boostés). Pour moi, c'est le gros inconvénient de cette application.

Souvent se comparer aux autres ne nous rend pas heureux mais se comparer à nous-même peux nous déprimer encore plus surtout quand on régresse un peu.

L'application est normalement disponible sur tous les appareils et sur le Google play store.

- L'application Sleepy town :
  On est sur le même principe que Forest, mais au lieu de compter notre temps de travail, on compte notre sommeil.

  On définit au préalable nos heures de coucher et de lever et quand on arrive à l'heure du coucher, un bâtiment va se construire sur l'application (à terme, si on s'en sert tous les jours, on aura une petite ville).

### Reprendre sa vie en main

Si on se sert de notre téléphone ou de nos appareils alors qu'on est censé dormir, la construction du bâtiment s'arrêtera.

- L'application Duolingo :
une application sympathique, qui tous les jours, vous pousse à travailler une langue étrangère que vous aurez préalablement choisie. Sur l'application, on retrouve des exercices de prononciation, des exercices de traduction, de compréhension, de retranscription, etc.
Elle est plutôt complète même si on n'apprend pas véritablement une langue mais plutôt nous permet d'entretenir nos connaissances.
Pour assurer votre assiduité, vous recevez tous les jours une notification ou un mail si vous avez désactivé vos notifications (ce que je conseille de faire, votre téléphone ne devant pas avoir le droit de se rappeler à vous si vous ne vous en servez pas, la seule exceptions étant pour vos proches et vos contacts.)
Duolingo se base sur un système de ligue où chaque semaine, vous êtes en compétition avec 29 personnes qui travaillent, pour la plupart, aussi assidûment que vous. Les 5 premiers du classement passeront dans la ligue supérieure la semaine suivante, les 3 premiers recevront des récompenses et les 5 derniers seront rétrogradés en ligue inférieure.

**Reprendre sa vie en main**

Pour se classer, il faut cumuler des XP en travaillant des leçons jusqu'au bout.

L'application est disponible sur PC et autres appareils.

Le seul souci de l'application est qu'elle est en deux versions différentes selon le support utilisé.

Sur smartphone et tablette par exemple, elle comporte un système de vie. Toutes les 24 h, on dispose de 5 vies. Chaque fois qu'on se trompe à un exercice, on perd une vie. D'un côté, c'est stimulant car cela nous force à rester concentré sur nos exercices, mais parfois on perd bêtement des vies car l'application ne comprend pas ce qu'on lui dit (elle reste rigide sur la réponse qu'elle attend).

Par contre, sur PC, ce système de vie n'existe pas.

- L'application Google podcast :
Elle est vraiment utile pour apprendre de nouvelles choses sans pour autant être tenté par des vidéos de chats sur YouTube. Avec cette application, on peut juste lancer un podcast sur un sujet qui nous intéresse et faire autre chose à côté, comme ranger sa maison ou faire du sport.

- L'application 7 minutes workout :
Une application qui nous permet de faire 7 minutes de sport tous les jours en nous proposant des séances. La rapidité de la séance pourra donc

### Reprendre sa vie en main

s'adapter avec la plupart des styles de vie.
Tout le monde a forcément sept minutes dans une journée.


- Une application de trackers d'habitudes :
  Elle permet de visualiser notre engagement au travers de nos habitudes. Tous les jours, lorsqu'on effectue une action qui doit être régulière, on va créer une chaîne sur l'application et cette chaîne s'agrandit à chaque fois qu'on l'aura faite mais si on ne le fait pas, la chaîne se brisera.
  Exemple d'application : streaks.


On notera au passage, que la plupart des applications comme celles présentées, se servent de l'aversion à la perte.
On ne veut pas avoir une forêt moche ou perdre notre arbre, donc on travaille sans se laisser distraire.
On ne veut pas d'une ville à moitié construite, donc on ne se sert pas de son téléphone alors qu'on devrait dormir.
On ne veut pas perdre nos flammes ou notre place dans la ligue, donc on travaille et bis repetita.


- L'application Kindle :
  Elle permet de lire des livres à partir de son téléphone. Pour ceux qui n'aiment pas lire, il existe Audible, application de lecture de livres audios. Tous les

### Reprendre sa vie en main

mois, Audible vous propose un livre audio gratuit que vous pouvez emprunter.

- L'application qui est un bloqueur d'application (ex : Center).
  Cette application permet de bloquer l'URL des sites et les applications sur nos téléphones, soit pour toujours (jusqu'à ce qu'on désinstalle l'application ou qu'on débloque le site en question), soit pour une plage horaire donnée.
  Par exemple, on peut dire à l'application de bloquer l'utilisation de YouTube et des réseaux sociaux pendant notre rituel du matin et celui du soir. Par conséquent, on ne pourra pas y accéder.

- L'application Colornote :
  Elle permet de prendre des notes et d'avoir un agenda en même temps à partir de la même application.

# 19) JE NE SAIS PAS QUEL OBJECTIF ME FIXER ?

**Reprendre sa vie en main**

## Reprendre sa vie en main

Pour ceux qui ne sauraient pas par où commencer, ou qui ne sauraient pas quoi faire, voici une liste d'objectifs que vous pourriez vous fixer pour vous reprendre en main.
Je les ai listés par thématique.

Langue :
Apprendre 100 mots par mois.
Obtenir le niveau A1/A2/B1/B2/C1/C2.
Savoir s'exprimer pendant 5 minutes en continu dans la langue qu'on aura choisie.
Savoir se présenter.
Travailler 30 minutes par jour sur la langue qu'on a choisie.
Réussir à comprendre une vidéo dans une langue étrangère sans avoir à regarder les sous-titres qu'ils soient dans la langue maternelle ou dans celle qu'on apprend.

Sport :
Se réinscrire à une activité sportive avant… (date butoir)
Faire 10 séances de sport par mois.
En faire 20.
En faire 30.
Faire une séance de x minutes par jour.
Réussir à faire x pompes d'affilée (cela fonctionne pour tous les mouvements comme courir sans s'arrêter).
Perdre x kilos.
Gagner x kilos.

## Reprendre sa vie en main

<u>Culture</u> :
Se découvrir si possible une passion.
Lire x livres par mois.
Regarder x documentaires par mois.
Visiter x expos ce mois-ci.
Apprendre x compétences ce mois-ci.
Relire pendant x min ses cours tous les soirs.
Avoir x de moyenne.
Savoir expliquer x concepts qui nous intéressent.

<u>Vie à la maison</u> :
Ranger la maison tous les jours.
La maintenir propre.
Jeter x objets inutiles tous les mois. (jeter, donner ou vendre).
Économiser x euros tous les mois.
Améliorer les aspects de la consommation à la maison (eau, électricité, chauffage en objectif monétaire).
Préparer ses repas à l'avance.
Faire ses menus au début de chaque semaine.
Faire les courses en fonction des menus.
Préparer sa journée à l'avance.
Mieux maîtriser son budget alimentaire (se baser sur les économies qu'on fait pour se fixer des objectifs, par exemple dépenser 30 euros de moins chaque mois).

<u>Business ou objectif professionnel</u> :
Créer son business.
Produire x produits (implique de les créer).
Travailler x heures par mois sur ses projets.

## Reprendre sa vie en main

Définir des objectifs d'évolution dans son emploi.
Faire x ventes ce mois-ci.
Augmenter sa productivité (rapport temps investi / résultat, en comparant avec le mois précédent).
Acquérir de nouvelles compétences en lien avec d'autres objectifs.
Apprendre à vendre et à se vendre.
Apprendre à bien s'exprimer pour défendre son point de vue.
Apprendre à se servir de nouveaux logiciels.
Se faire un réseau de x personnes utiles.

Santé :
Arrêter de fumer pendant x jours (à renouveler tous les mois pour une meilleure réussite).
Marcher x kms ou minutes au quotidien.
Arrêter le café, l'alcool (sur le modèle de la cigarette).
Dormir x heures par nuit (avec un sommeil stable).
Faire x repas soi-même par mois.
Prendre un rendez-vous médical si nécessaire (date butoir).
Sortir x fois par mois pour prendre l'air et avoir une activité.
Se remettre au sport (se référer aux objectifs de la catégorie sport si besoin).

Social :
Entretenir les liens d'amitié.
Apprendre à aller vers les autres (réussir à aborder x personnes tous les mois).
Noter les anniversaires et se remettre à jour dessus.

## Reprendre sa vie en main

Pousser nos amis à se reprendre en main s'ils en ont besoin.

Compétences :
Savoir coudre.
Apprendre à cuisiner.
Apprendre à dessiner.
Apprendre à bien s'exprimer.
Apprendre à faire du feu.
Apprendre à jardiner, faire un potager.
Apprendre à jouer aux échecs.
Apprendre une nouvelle langue.
Et bien d'autres encore….


Mauvaises habitudes à limiter :
Passer moins de x heures par mois sur les réseaux sociaux.
Limiter à x litres la consommation mensuelle de soda.
Se limiter à x nouvelles habitudes à prendre tous les mois.

## 20) TO DO LIST ET WEEKLY PLANNER INCLUS DANS LE LIVRE

**Reprendre sa vie en main**

### Reprendre sa vie en main

🔳 Emploi du temps (pour ceux ayant la version ebook, cliquez sur ce lien)

Pour vous servir de l'emploi du temps, vous pouvez vous rendre sur la page d'Amazon sur lequel le livre est posté. Pour ceux qui auront une version e-book sur tablette ou téléphone, le lien sera accessible directement via le livre et sur Kindle, il faudra sans doute passer par la page Amazon.

Vous pouvez suivre le lien et le copier-coller pour le mettre sur un sheet. Ainsi, vous pourrez, dans votre drive, remplir ce document comme vous voulez.

Évidemment vu que Google sheet est public, vous ne pourrez pas écrire dessus tel quel, c'est pourquoi il est important de copier-coller le document et de le créer sur l'un de vos espaces personnels.

En plus de l'agenda pour organiser ses semaines sur un an, je vous propose une To do list personnalisable. Ce document sera en format à imprimer. Ou vous pouvez simplement aussi vous en servir comme modèle pour les vôtres.

J'espère que le livre et les ressources mises à disposition vous seront utiles, et que d'ici à quelques années, vous serez reconnaissants envers vous-même d'avoir appliqué les choix qui vous auront amené à avoir une vie qui vous rendra fier et qui vous plaira.

Dans quelques années, voire même quelques mois, vous pourrez regarder vos proches et voir de la fierté dans

### Reprendre sa vie en main

leurs yeux. Vous pourrez inspirer vos amis, les aider et vous saurez dans toutes les situations trouver au moins un peu de positif même dans les moments plus difficiles.

**Reprendre sa vie en main**

## To do list:

### Matin

### Après midi

### Soir

### Reprendre sa vie en main

Vous pouvez, soit écrire directement dans le livre, soit l'imprimer via ce fichier.

Le mieux, surtout pour l'emploi du temps si vous voulez vous en servir, reste quand même de l'imprimer ou de le remplir et de le consulter par ordinateur.

Pour le conserver dans le temps, vous pouvez l'agrafer à un bout de carton pour lui donner plus d'épaisseur, ainsi il s'abîmera moins vite quand vous écrirez dessus et que vous effacerez vos journées.

**🗐 To do list:**

Comme pour l'autre, le lien sera disponible dans la page de vente Amazon pour ceux qui ont acheté la version papier.

**🗐 En finir avec les mauvaises habitudes** Et enfin, un carnet de bord dans lequel chaque jour vous noterez vos journées et les mauvaises habitudes que vous voulez combattre, celui s'étend sur 10 semaines soit 70 jours. Si vous fumez par exemple chaque jour, vous noterez ce que vous ressentez au sujet de la cigarette et les difficultés que vous rencontrez. Souvent le fait de mettre des mots sur nos problèmes nous aide à les comprendre et quand on comprend un problème on arrive à trouver des solutions.

Si on regarde les maths une équation avec des inconnues et bien plus dure à résoudre qu'une addition par exemple. Dans le premier cas on ne dispose pas de

## Reprendre sa vie en main

toutes les informations nécessaires pour régler le problème et on se doit de les trouver là où dans l'autre on dispose de tout ce dont on peut avoir besoin c'est donc bien plus facile.

Si j'ai pu vous apporter de l'aide et que vous souhaitez m'aider aussi vous pouvez noter votre achat sur Amazon et laisser un commentaire client.

En vous souhaitant bonne chance pour votre reprise en main.
Bonne réussite !

**Reprendre sa vie en main**

© **Tous droits réservés** toute représentation ou reproduction intégrale ou partielle faite sans le consentement de l'auteur est illicite.(art. L.122-4)

Printed in Poland
by Amazon Fulfillment
Poland Sp. z o.o., Wrocław
24 May 2024

b255c2d6-e9b0-4693-80ae-884d792d59adR01